叢書 21世紀の国際環境と日本 003

待鳥聡史 MACHIDORI Satoshi

The Japanese Premiership: An Institutional Analysis of the Power Relations

首相政治の制度分析

現代日本政治の権力基盤形成

千倉書房

首相政治の制度分析　現代日本政治の権力基盤形成

目次

序章　本書の課題と構成　001
主題としての首相政治／本書の構成

第I部　首相政治はいかに形成されてきたか

第一章　現代日本政治の歴史的文脈　013
1　占領期の首相と国会　一九四五〜五五　013
明治憲法体制の宿痾／終戦から憲法改正へ／主要三政党の確立と「ワンマン首相」
議院内閣制の採用と国会運営の特徴
2　自社二大政党の成立　一九五五〜六〇　022
保革両陣営の統一／戦後保守政治の確立／社会党の伸び悩み／政策過程の焦点変化
3　政治経済の安定と多党化　一九六〇〜七三　030
池田勇人の高度経済成長路線／必然的な多党化／経済成長のひずみと終焉／政治のルーティン化
4　与野党伯仲と保守復調　一九七三〜八九　040
与野党伯仲時代の到来／野党間協力の試みと挫折／新中間大衆の時代／保守・中道連携の定着

5　連立と政権交代　一九八九〜二〇一二　048
利益政治の爛熟／自民党の分裂と非自民政権／二大政党化への道／内閣機能の強化
政党組織と国会の変容／政権交代の時代へ

第Ⅱ部　首相政治はいかに展開しているか

第二章　新しい権力基盤の形成　067

1　課題の設定　067

2　大統領的首相論とは何か　069
議院内閣制における首相／大統領的首相の出現／政治の大統領制化／残される疑問

3　比較政治制度論と大統領的首相　078
執政とは何か／大統領制と議院内閣制の多様性／執政制度の統一的理解／「大統領的首相」の再定義

4　日本における首相政治の変容　086
二人の「大統領的首相」／目的の分立に関する変化／メディアおよび世論との関係／直属スタッフとの関係

5 小括 093

第三章 首相から見た与党議員と官僚 097

1 課題の設定 097
2 理論と仮説 099
「強い首相」「官邸主導」とは何か／三つの仮説
3 首相動静データの分析 107
依拠するデータと分析方法／分析と知見
4 小括 123

第四章 与党議員と官僚から見た首相 129

1 課題の設定 129
2 理論と仮説 131

議院内閣制の類型と委任構造／ウェストミンスター型と欧州大陸型の論理／与党議員が行う委任構造の多様性／旧日本型議院内閣制

3　サーヴェイ・データの分析　139

依拠するデータ／委任構造の変容／委任構造と影響力関係／官僚への委任

4　小括　157

第III部　首相政治はどこに向かうのか

第五章　比較の中の首相政治

163

1　首相政治の現在　163

首相政治と制度／制度変革の意味／実証分析の知見／政権交代の意味

2　首相政治の比較政治学　172

多数主義型民主主義／例外としての参議院／未対応の政党組織構造／責任追及機会の過剰

3　制度分析の意義と課題　181

個性か制度か／個性のための制度／制度分析の意義／政治のために

あとがき 191
参考文献 197
事項索引 212
人名索引 214

序章

本書の課題と構成

主題としての首相政治

日本政治は、なぜ、どのような過程を経て、現在の姿になったのか。そして、今後どこに向かおうとするのか。本書は、日本政治における首相と政党、国会、官僚の関係に注目しながら、このシンプルだが難しい問いの解を探る試みである。

その焦点は「首相政治（premiership）」、すなわち首相が政府を運営していく上での権力行使のあり方に向けられる。首相はどのような権力を行使しているのか、その基盤となる与党議員や官僚との関係はいかなるものか、それらを成り立たせている要因は何か、といった疑問を解明することで、現代日本政治の構図と特徴を示すことが本書の具体的な狙いである。

首相とその権力行使が、現代日本政治をすべて規定しているわけではない。それは、戦後の日本政治史上における大転換がどのように生じてきたかを考えれば明らかである。一例として、一九六〇年を取り上げてみよう。日米安全保障条約改定とそれへの反対運動の高揚、そして高度経済成長を目指す政策の採用によって、六〇年が日本政治にとっての転機になったことは間違いない。しかしそれは、岸信介から池田勇人への首相交代によって決定づけられたのだろうか。岸政権が発足する頃までには、既に日本の経済は復興から成長へ転じつつあった。与党であった自民党は経済政策への関心を強め始めており、体制選択に拘泥《こうでい》した社会党との違いは顕著《けんちょ》になりつつあった。一般有権者の意識の中に戦後民主主義と安定の手応えは定着しており、それに依拠しようとする政治指導者はやがて登場したであろう。池田への首相交代はこれら多くの変化の一部であり、むしろ変化の帰結という側面さえ持っていた。

一般化していえば、政治における大きな転換とは、国際関係や社会経済の変化を随伴しながら、政治に関与する人物や組織の利害関心、思想や理念、そして時には制度的枠組みが従来と異なったものとなることを基本的特徴とする。その過程で中心的役割を果たす人物や組織が交代することは、転換の構成要素であることは間違いないが、唯一の原因ではない。首相もまた、重要であるにしても多くの政治的行為者(アクター)の一人に過ぎず、首相の権力行使のみによって転換が生じるということはできない。

同じような認識は、首相経験者からも聞かれる。吉田茂が首相の座にあった時代から戦後日本の政治的意思決定の重大局面にたびたび関わり、一九九〇年代には自らも首相を務めた宮澤喜一の証言を聞いてみよう。彼は、首相在任中にバブル経済崩壊後の不良債権処理が大きな問題であることに気づき、政府の関与が必要であると提唱したものの、財界や大蔵省などの否定的反応を受けて実現しなかったことについて、次のように語っている(五百旗頭・伊藤・薬師寺 二〇〇六、二一、二四~二五、二七、二九頁。[ ]内は筆者による追記)。

「九二年夏でございますか、私は軽井沢[での自民党セミナー]で株価下落の背景には、金融機関の不良資産というものがあって、政府が何か公的な関与をしないといけないんじゃないかということを言ったわけです。当時、そういう認識は何となくぼんやり持っていたわけです。…しかし、総理大臣の私に、今の日本の状況は非常に大変だよというようなことを言いにきた方は一切いらっしゃいませんでしたね」

「［首相発言を受けて大蔵省や銀行が示したのは］非常に微弱な反応です。私の言ったことを、正面からきちんとやろうというのではまったくない。総理大臣が何か言ったからしょうがない、一応、何か反応をしたという程度のものでしかなかったのです。……［不動産価格がやがて回復して不良債権問題が解消するという発想に対しては］そうはいかないよと、それは別の話だよという気持ちがありました。それがあの発言の中に出たのだろうと思いますね。……ですけど、私はそれ以上はどうもできなかったわけですね」

さらに、首相なら職権で何とでもできたのではないか、という質問者に「それはまったくそうじゃありませんよ（笑）」と答えている。宮澤にとって首相とは、孤独で、ときに絶望的なほど無力なポストだったのである。

短命政権に終わる首相が多いことも、こうした認識を裏づける。日本国憲法の下で首相指名が行われるようになった一九四七年の片山哲以降、二〇一一年九月に辞任した菅直人まで首相経験者は三〇人、平均在任日数は七八二日である。約三年に当たる一〇〇〇日以上在任した首相は、吉田茂、岸信介、池田勇人、佐藤栄作、中曾根康弘、小泉純一郎の六人に過ぎない。平均在任日数は、これでも明治憲法体制の時期をわずかに上回っているが、イギリスやドイツなど、戦後日本が範例として意識してきた他の議院内閣制諸国を大きく下回る。

しかし、実はこの点にこそ、本書が首相政治に注目する大きな理由がある。議院内閣制とは、国会多数派によって首相が指名され、国会多数派の信任によって内閣の存続が維持される制度である。国会多数派である与党が安定していれば、打ち出した政策のほとんどは議会で否決される恐れがないため、首相には大きな権力行使の余地がある。近年ではあまり議論されなくなったが、古典的な比較政治学においては、首相権力が大きいがゆえに議院内閣制は大統領制よりリーダーシップが発揮されやすいという理解が一般的であった。

だが現実には、戦後日本の首相たちはしばしば思うような政策を実現できず、与党議員から引きずり下ろされるように退任を余儀なくされてきた。つまり、首相の権力に関して、議院内閣制が本来与えるはずの枠組みと、政党政治や国会運営の現実の間には大きなギャップが見られるのである。そして、このギャップこそが戦後日本政治を特徴づけてきたのであり、さらに言えば、現在の日本政治はこのギャップをいかに解消するかという大きな挑戦の途上にある、というのが本書の基本的な認識である。

戦後日本政治における首相権力、とりわけその弱さと小ささに注目する議論は、既に数多く提出されている。近年に限っても、かつて政治学者の松下圭一が提示した官僚内閣制という概念をより体系的に展開して、首相中心の議院内閣制を確立する必要性を鋭く論じた飯尾潤（二〇〇七）をはじめ、首相と内閣が行政官僚制を統御できないことを問題視する見解は枚挙に暇《いとま》がない。また、かつて中選挙区制の下で与党であり続けた自民党の内部組織が、派閥や族議員の存在によって首相から権力行使の機会を奪ってきたという説明も、高安健将（二〇〇九）の本格的な日英比較研究など、頻繁になされてきた。いずれも説得的な議論である。しかし、官僚の影響力や自信の低下が著しく、なおかつ自民党が長期政権の座から降りた今日、首相の権力に関する議論を政官関係論や自民党研究によって代替することは困難になりつつある。今こそ、国会や自民党以外の政党も視野に入れて、首相の権力基盤が改めて検討されねばならない。

本書の構成

以上に述べてきたことを踏まえ、本書は首相と政党、国会、官僚との関係を正面に据えて、主として首相がいかなる権力基盤に依拠しているのかを分析することで、現代日本における首相政治の特徴を解明することにしたい。もちろん、その作業は単に現代日本政治をめぐる事実関係を叙述するだけでは不十分である。本書は、一方で比較政治学における議院内閣制論を積極的に援用して日本政治を分析すると同時に、他方では従来と異なる視点から戦後日本政治史を読み解こうとする。そのため本書は三部構成をとった。

単一の章で構成される第Ⅰ部では、戦後の日本政治史を時系列に沿って描き出しながら、首相と政党、国会がどのような関係を構築し、戦後日本において首相政治がどのように展開されてきたのか考察する。叙述に当たっての基本的な立場は、国際関係や社会経済関係などの環境要因、議院内閣制と中選挙区制の組み合わせという制度要因を背景に、首相をはじめとする政治アクターの選択が行われてきたとするものである。これは本書を通底する理解であり、第Ⅰ部はいわば通史の形をとった総論と考えていただければよい。

その作業は、大きく分けて二つの意味を持つ。一つは、第Ⅱ部で行われる現代の首相政治に関する検討に必要な予備知識を提示することである。もう一つは、戦後日本の首相政治が直面してきた構造的諸要因を明らかにすることである。今日の日本政治において首相がいかなる基盤に依拠して権力を行使しているか考えるためには、日本と他国、あるいは現在と過去の体系的な比較が欠かせないが、このうち政治史の叙述という形で現在と過去の比較を行おうとするのが第Ⅰ部ということになる。長らく、日本の首相政治には多くの制約要因があり、それが強いリーダーシップの発揮を妨げてきたと考えられているが、具体的にはどのような制約だったのか。それは現在どのように変化しているのだろうか。

このような位置づけが与えられているために、叙述における力点はオーソドックスな戦後日本政治史と異なるところに置かれる。制度要因が首相の権力行使を規定し続けていると強調するのは、あまりにも機能主義的な理解だと感じられるであろうし、個々の事実に誤りはなくとも違和感の残る関連づけや解釈が行われていると思われるかもしれない。また、それぞれの時期に展開された政策についても、行論に必要最小限の範囲でしか言及していない。それらの偏りは、第Ⅰ部が戦後日本政治史に関する通説的理解をバランスよくまとめることを意図しているわけではなく、本書全体の主題である、日本の首相政治の理解に資することに圧倒的な関心が向けられていることによるものである。

日本と他国の比較は、第Ⅱ部以降、主に現代の議院内閣制諸国に関する知見を一般化して得られた理論枠組みの援用という形で進められる。第Ⅱ部は、第Ⅰ部において示された戦後政治の全体像を踏まえ、今日の首相と政党、国会の関係について各論的で詳細な分析を試みた複数の章から構成される。

戦後日本政治の大きな特徴の一つは、議院内閣制を明示的に採用した憲法構造と、中選挙区制の下での政党や議員の行動準則の間に、齟齬《そご》が生じていたことであった。一九九三年に発足した細川護熙《ほそかわもりひろ》政権が取り組んだ選挙制度改革、九六年に発足した橋本龍太郎政権が取り組んだ行政改革（内閣機能強化）は、本書の文脈でいえば、この齟齬をなくすことを目指したものだったと考えられる。選挙制度改革によって、衆議院の選挙制度は中選挙区制から小選挙区比例代表並立制へと改められた。内閣機能強化によって、首相はより多くの政策スタッフを持ち、自らの判断によって政策決定を行う余地が拡大した。

しかし、現実の政治や社会において制度改革が意図した通りの結果をもたらすとは限らない。制度改革の意図が実現するにしても、改革の実施からのタイムラグは当然あるだろう。選挙制度改革と内閣機能強化を受けて、日本の首相政治にいかなる変化が生じたのかを考えることが、第Ⅱ部の主題である。

具体的には、まず第二章において、中曾根康弘と小泉純一郎のリーダーシップを比較する。近年の日本政治に登場した「強い首相」として共通点を持つ両者には、一九九〇年代の政治改革の前と後という違いが存在する。その違いが、二人の「強い首相」に何らかの質的差異をもたらしたのだろうか。第三章では、二〇〇〇年以降に登場した七人の首相を主に取り上げて、面会データの分析を行う。改革後の首相は、どのような人々と緊密に連絡を取り合いながら政策決定を進めているのだろうか。そこには、改革以前の首相との違い、あるいは民主党と自民党の違いがあるのだろうか。第四章では、与党国会議員と官僚を対象に行われたサーヴェイ（体系的設問に基づくアンケート調査）の結果を検討する。与党議員や官僚から見て、首相権力はどのようなものと捉えられ、それは時期によっていかに変化しているのだろうか。

これら各章の分析では、制度要因の変化が政治アクターの行動をどのように変えたか解明することに焦点が当てられる。分析の中心はアクター間の関係変化に置かれており、政策の変化については副次的な関心しか向けられていない。これは、本書が首相政治の帰結ではなく、もっぱら首相政治の基盤や規定要因を分析することに主眼を置いているためである。また、環境要因の影響は直接的に示されるわけではないが、たとえば冷戦の終結といった国際関係の大きな変化を受けて制度改革がなされ、それが政治アクターの行動とその帰結である政策選択を変化させる、といった基本的な構図は常に意識されている。

結論に当たる第Ⅲ部では、本書全体の議論と知見を改めて整理するとともに、これからの首相政治にとって何が課題になると考えられるのか、そのために何が必要になるのか、将来を展望しながら検討してみたい。第Ⅱ部の実証分析は、データの制約から、第三章を除くと二〇〇九年以前の自民党政権を対象とする[★1]。だが、二〇〇九年総選挙を受けた民主党政権の登場、および二〇一一年の東日本大震災による社会経済環境の大きな変化などを考えれば、自民党政権に関する知見を今後もそのまま適用可能かどうかについては、改めて検討する必要がある。政治学は未来予測の学問ではなく、政治学者は予言者ではない。しかしそれは、歴史を振り返り、現在を分析した後に、将来について考えてはならない、ということではない。自らが依拠する前提や仮定の存在を明らかにした上であれば、ありうべき未来について語ることも許されるであろう。冷静な現状認識と、それに基づく将来展望が、今ほど切実に求められているときはないかもしれない。日本の首相に向けられてきたリーダーシップの不足という批判は、二〇〇九年の政権交代以後もやむことなく続いてきたが、二〇一一年三月に発生した東日本大震災によってひとつの頂点に達した。首相の菅直人や官房長官の枝野幸男を中心とした内閣と、民主党幹事長の岡田克也を中心とした与党執行部の行動は、地震発生直後には大きな問題がないように思われた。一九九五年の阪神大震災への対応を先例としつつ、迅速かつ大規模な自衛隊の災害派遣、アメリカをはじめとする各国の救援の受け入れ、官房長官に極力一元化した情報公開など、震災の規模とそれによって生じた混乱を考えればそれなりに評価できる対応をしたといえよう。

だが、事態は東京電力福島第一原子力発電所の事故対応によって一変した。地震と津波の規模、それがもたらす施設の破壊と復旧の困難さ、どれをとっても事前に十分な予測をせよというのは酷なことであり、手探りの対応にならざるを得なかった事情はある。そもそも原発の立地や災害対応が計画されたのは自民党政権の時代なのだから、直接的には民主党政権の責任ではない。しかしそうであったとしても、東京電力や関係地方自治体との連携の拙さや、後になってみれば意図的な隠蔽であったとさえ疑われかねない情報公開の遅れは、許容されるタイムラグが極端に小さい原発事故にとっては致命的であり、首相官邸の判断ミスと指摘されても仕方がない重大な失策であった。

震災対応について検討することは、もとより本書の射程をはるかに超える作業であり、執筆時点において適切な根拠とともに何らかの分析や評価を示しうる状況にもない。現在、唯一可能なのは、政権の対応に問題があったとして、それが菅や枝野といった官邸を構成した政治家たち、もしくは民主党という政党のあり方に起因するのか、あるいはより構造的な課題を示唆するものなのか、そしてそれは今後どうすれば良いのかを、一般論のレヴェルで考えることであろう。つまり、現時点において取り組みうるのは、日本の首相政治を特徴づけるのが属人的要因なのか制度的要因なのかを考え、両者の相違点を改めて見出すとともに接点を探る作業でしかない。

一見したところ迂遠《うえん》にも思えるこの作業を欠く限り、首相政治の学術的な分析が深まらないばかりか、日本政治が大きな課題に直面するたび、ポイントを外した批判とそれによる時間や人的資源の不毛な浪費が繰り返されることにもなりかねない。本書は、現代日本の首相政治に関する学術的な実証分析であると同時に、現在と将来の難問に答えていくための、政治学の立場から行われる一つの模索でもある。

註

★1――以下の本書において、「自民党政権」とは自民党から首相が出ている連立政権を含み、同じく「民主党政権」には民主党から首相が出ている連立政権を含む。単独政権と連立政権を区別する必要があるときには、「自民党単独政権」「自公連立政権」といった語も併用する。

第Ⅰ部

首相政治はいかに形成されてきたか

第一章 現代日本政治の歴史的文脈

1 占領期の首相と国会 一九四五〜五五

明治憲法体制の宿痾《しゅくあ》

一九四五年八月一五日、太平洋戦争は終わった。日本の本土で、植民地で、占領地で、そして戦場で、多くの人々が様々な方法により終戦の詔勅《しょうちょく》を知った。莫大な人的、物的被害をもたらした敗戦は、直接的には一九二〇年代後半以降の軍部の暴走を止められず、挑発的な外交と無謀な作戦計画を進めた結果であった。しかし間接的には、開国と維新に始まる近代国家としての日本の大きな挫折であり、国家の骨格を形成していた明治憲法体制の敗北であったというべきだろう[★1]。終戦にあたって日本が受諾したポツダム宣言では、具体的に憲法やその附属法の改正が求められていたわけではないが、民主主義的傾向の復活を要求する宣言の文言から、政治制度の大幅な変革が必要であることは容易に看取できた。それは首相政治にも変化をもたらさずにはおかないはずであった。

明治憲法体制はそもそも議院内閣制を採用していない。少なくとも憲法構造上、首相は天皇からの信任のみに拠《よ》って就任し、組閣することができた。これは明治憲法が天皇親政の建前を採用する以上、当然だというべきだろう。首相は天皇から全面的な信任を得ていれば、帝国議会や軍部など他の政府諸部門と切り離され、行政部の長としての位置づけしか与えられなかったとしても、また内閣において「同輩中の第一人者」に過ぎないにしても、政府の意思決定の中心にいて影響力を行使できることになる。

しかし実際の制度運用に際して、首相にはいくつもの制約があった。とくに決定的だったのは、内閣の存立基盤として天皇の信任に制度上依拠することが、必ずしも天皇と首相の個人的信頼関係の構築と同じでなかったことである。内閣制度の初期にこのような問題は生じなかった。桂園《けいえん》時代末期までの首相は、ほぼ全員が元老ないしはそれに準じる人々であった。伊藤博文や山県有朋に代表されるように、彼らは明治維新の功労者たち、あるいは陸海軍の創設者たちであって、天皇と長年にわたって労苦をともにし、深い個人的信頼関係で結びつきながら、軍部を含む政府諸部門を統御することができた（伊藤 二〇〇九）。

ところが、元老が首相を務める時代が終わり、さらには存命の元老自体が減少して首相選定の話し合いが十分にできなくなると、首相が他の政府諸部門と切り離されているという問題が次第に顕在化するようになった。元首相や内大臣といった重臣の推薦を受けただけの首相では、元老やそれに準じる人々が天皇との間に築いた個人的信頼関係には、遠く及ばなかった。首相が行政部門の長に過ぎず、帝国議会や軍部といった他の政府諸部門と分立しながら天皇を補佐するという明治憲法の論理構造は、天皇と首相の個人的信頼関係が弱まると、首相の政府他部門への影響力行使の余地も狭めてしまったのである。

必要とされていたのは、天皇との個人的信頼関係に代わる首相政治の基盤を確立することであった。一見したところ大きく異なるように思える大正期の政党内閣と昭和初期の軍部内閣は、いずれも首相と政府他部門の結びつきを制度的に確保し、首相が依拠しうる権力基盤を拡大させることによって、天皇との個人的信頼関係の弱まりを補い、明治憲法の権力分立的な構造を克服する試みだったと理解することができる［★2］。結びつく相手が議会や政党か、それとも軍部かという選択の変化は、それぞれの時代において最も大きな政治的資源を持つアクターが変化したことに規定されている。

その究極の形が、政党と軍部の双方を包括しようとした大政翼賛の動きであったと考えられる。しかし、大政翼賛会に対して「幕府的存在」という批判が向けられたことに典型的に表れているように、天皇からの信任以外の方法で権力基盤を実質的に強化し、首相が分立する政府諸部門を一元的に統括することは、憲法体制の基本的な意図に反することになってしまうのであった。結局のところ、首相政治の新しい基盤は確立できず、それが明治憲法体制の命脈を絶ったのである。

終戦から憲法改正へ

ポツダム宣言の受諾と敗戦に伴う最も困難な時期に、御前会議における天皇の決裁のような親政的要素を部分的に導入しつつ、鈴木貫太郎（元侍従長・海軍大将）、東久邇宮稔彦王《ひがしくにのみやなるひこおう》（皇族・陸軍大将）という、軍籍を持ちつつも本質的には個人的な信頼関係や係累によって天皇と結びついた例外的人材が首相となったのは、明治憲法体制の論理構造上、自然なことであった。また、アメリカを中心とした連合国による占領が始まる段階で、戦前の国際協調外交を主導した幣原喜重郎《しではらきじゅうろう》が首相になったのも、その時点で最大の政治的資源を持つアクターと結びつくことで分立する政府諸部門に広く影響力を行使しようとする、元老内閣期終焉以降の明治憲法体制下において模索された方向性と同じであった。今回は短期間だったこともあり、これらの試みは成功を収めた。鈴木から幣原に至る各首相の下で、日本は敗戦と占領開始に伴う政治的混乱を最小限にとどめることができたのである（服部 二〇〇六、五百旗頭 二〇〇七）。

とはいえ、既にポツダム宣言で抽象的には示され、占領を開始した連合国軍最高司令部（ＧＨＱ）が具体的に要求していたのは、政治的民主化すなわち民主主義体制の確立であった。明治憲法体制の権力分立を克服し、ＧＨＱと十分な意思疎通が可能で、彼らの意図を体現した政策を進められるとしても、それだけでは民主主義体制に移行するための正統性としては十分とはいえなかった。ここで日本政治は当面の対応策として、一九二〇年代から三〇年代初頭にかけて形成されていた政治慣行、すなわち衆議院第一党の党首に天皇が首相就任を命じるという仕組みに回帰する。それは、一方において衆議院多数派と結びつくことで首相の権力基盤を強めるという明治憲法体制下のパターンに整合的であり、他方で民主主義的要素も持っていたため、当時の日本政治がＧＨＱに示しうる数少ない良き伝統でもあった。

総選挙は一九四二年のいわゆる翼賛《よくさん》選挙以来行われていなかったが、大政翼賛会や大日本政治会といった戦時政治団体に関与した議員も、そうでない議員も、四五年秋には新たな政党を結成し始めていた。結成されたのは、大日本政治会の流れを汲む日本進歩党、非翼賛の保守系議員が中心となった日本自由党、合法無産政党であった社会民衆党の系譜を引き継ぐ日本社会党、協同組合主義を掲げた日本協同党、そして日本共産党などであった（石川・山口 二〇一〇）。このなかでは進歩党が第一党だったが、四六年初頭の公職追放によって所属議員の大多数を失った。同年四月に行われた戦後第一回の総選挙では自由党が第一党となり、総裁の鳩山一郎が選挙後に公職追放になるといった曲折を経ながらも、後継総裁の吉田茂が首相就任を命ぜられた。

吉田の首相就任と組閣は明治憲法に依拠してなされたが、実際の政権運営は実質的な権力基盤であるＧＨＱと国会（帝国議会）の両にらみであった。吉田とＧＨＱの関係はしばしば論じられるが、第一次政権期には衆議院でも自由党は過半数の議席を持っておらず、政党の影響力が及びにくい貴族院や枢密院がなお存在していたことも、この時期の政治に無視できない影響を及ぼしていた。戦後日本政治を貫く首相と国会の相克は、既に始まっていた。

政権にとって差し迫った課題は、憲法改正であった。四五年一〇月にはGHQから憲法改正を求めることが示唆され、幣原政権期に設置された松本烝治《じょうじ》国務大臣による憲法問題調査委員会(通称、松本委員会)が改正案を作成していた。しかし、その内容に対するGHQの不満が大きかったことから、いわゆるマッカーサー草案が提示され、それがほぼ日本政府案となっていた。吉田はマッカーサー草案が理想的な憲法案とは思っていなかったであろう(五百旗頭 二〇〇七)。しかし、それがGHQの意向を反映した、抗《あらが》いがたいものであることは明らかであった。帝国議会多数派は、表だって憲法改正に反対しなかったが、戦争放棄規定などにはさまざまな反応があり、部分的な修正を加えることで改正案を成立させた。このほかにも、幣原政権期に始まった農地改革をさらに徹底する第二次改革を行うなど、占領初期の重要な改革を担った後、新しい日本国憲法の下で行われた四七年四月の総選挙の結果を受け、第一次吉田内閣は総辞職した。

主要三政党の確立と「ワンマン首相」

一九四七年春は選挙ラッシュであった。四月五日と三〇日に第一回の統一地方選挙が行われ、知事、都道府県会議員、市町村長、市町村会議員が一斉に公選された。第一回の参議院選挙が実施されたのは四月二〇日である。参議院にはこのとき現職議員がいなかったため、全員を一度に選出して上位当選者を六年任期、下位当選者を三年任期とする措置が取られた。次いで四月二五日には衆議院選挙があり、新しい政治制度の下で政府を運営する公職者が出揃った。今日においても、一二年に一度、参議院選挙と統一地方選挙が重なる年に衆議院選挙があると、これら公職者の多くは選挙を経験することになる。しかし実際には、参議院は半数改選である上、首長の死去などによって選挙日程が統一地方選挙とは異なる自治体も多くなっていることから、四七年春ほどに選挙が行われることは二度とないだろう。

首相の指名と政権の成立に直接影響するのは衆議院選挙である。衆議院選挙は、一つの選挙区で三人から五人の候補者が当選する中選挙区制によって行われたが、有権者は投票用紙に一人の候補者のみを選んで投票し、落選候補に投じられた票はすべて死票となる単記非移譲制が採用された。この中選挙区単記非移譲制は、当選者の相対得票率がおおむね二〇％程度であり、少数派が代表されやすい一方で、政党ごとの当選者数が変動しにくい特徴を持つ。事実、各政党の選挙戦略がまだ手探りだった一九四七年選挙でも、上位三党である社会党（一四三議席、相対得票率二六・二三％）、民主党（一二四議席、二五・四四％）、自由党（一三一議席、二六・七三％）はほぼ拮抗《きっこう》していた（石川・山口 二〇一〇）。中選挙区制らしい結果であった。

このような選挙制度の下では、恒常的に連立政権になるか、上位政党が合併による、いわば永続的な連立を組むか、いずれかの選択をしない限り、過半数の議席を確保するのは困難である。また、小政党であっても当選者を出す余地が大きいため、大政党の内部に不満を蓄積させる議員が現れた場合には、党の分裂にもつながりやすかった。逆にいえば、分裂を回避しながらどれほど議席を上積みできるかが、政党を率いる指導者たちの力量を計る目安ともなる。憲法が想定した強力な議院内閣制が実現するには、国会に安定した多数派形成が必要となるが、中選挙区制はそれを困難にする。与党の指導者は、議院内閣制と中選挙区制の綱引きを、議院内閣制の勝利に導かねばならなかったのである。

しばしば独断専行の「ワンマン」と批判された吉田茂は、実はこの点において最も卓越した政治家であったのかもしれない。鳩山一郎の追放により、政権を争う可能性のある最有力政治家が不在になるという幸運があったにしても、一九四九年選挙以降、官僚出身者を中心に強い忠誠心を持った若手を自党から多数当選させ、社会党と民主党が中心となった片山哲、芦田均両政権の失政を機に得た衆議院過半数の議席を首相在任期間の終盤まで守り続けたことは、吉田の大きな成功であった。

その間、民主党も社会党も党が大きく割れた。民主党の分裂は二度にわたるものであった。一回目は片山政権期で、社会党主導の炭鉱国家管理に反対する幣原喜重郎らが与党から離れ、野党であった自由党に合流した。幣原派の合流によって自由党は民主自由党と改称した。二回目は芦田政権崩壊直後で、一九四九年一月の衆議院選挙での惨敗が契機となり、民主自由党との連立を志向する犬養健《いぬかいたける》ら連立派と、下野を主張する苫米地義三《とまべちぎぞう》ら野党派に分裂した。その後、連立派は民主自由党に合流して自由党を結成し、野党派は国民協同党と合流して国民民主党を結成したのである。社会党は、四九年総選挙での大幅な議席減を受けて、党を「国民政党」とするか「階級政党」とするかという位置づけをめぐって党内論争が起こり、右派と左派の対立が深刻化した。それは最終的に、五一年にサンフランシスコ講和条約への賛否をめぐって党が分裂する事態につながった。

要するに、四七年衆議院選挙で生じた三党鼎立《ていりつ》の状態から、自由党は恒常的連立、すなわち合併により民主党の一部を取り込んで過半数を確保するに至ったのに対し、民主党と社会党はそれぞれ分裂して党勢を弱めたのである。いずれも中選挙区制から生じうる帰結であったが、明暗を分けたのは幹部の努力によって党が一体性を保ちえたかどうかであったといえよう。幣原、芦田、苫米地、犬養らの幹部に反目があり一体性を確保できなかった民主党はもちろんのこと、社会党もまた、鈴木茂三郎や浅沼稲次郎らの左派と、西尾末広や河上丈太郎らの右派の幹部間対立が分裂の大きな要因になったのである。党勢が弱体化した際に分裂し、それによってさらに党勢が衰退するという現象は、この後も中選挙区制下の政党政治にはたびたび現れることになる。

議院内閣制の採用と国会運営の特徴

占領期は、国会運営もまた模索の時期であった。日本国憲法は第四一条で国会を「国権の最高機関」とした上で、第六六条三項では内閣が「国会に対して連帯して責任を負ふ」ことを、第六七条では首相が国会の指名によることと、指名に際しては衆議院の議決が参議院に対して優越することを、さらに第六九条では衆議院が内閣を不信任できることと、不信任された内閣は衆議院を解散できることを、それぞれ規定する。戦前は天皇の信任に基づいて成立していた内閣が、戦後は国会、とくに衆議院の信任によって成立すること、つまり議院内閣制を採用することを憲法は明示したのである。そして「国権の最高機関」として民主主義的正統性を独占的に体現する国会の多数派が信任を与える内閣が、行政権を行使し、条約の締結権や予算案の排他的提案権を持つ。そこに表明されているのは、政治体制を根幹で支える正統性原理の大きな転換であり、国会多数派と結びついて広範な権限を行使する強力な内閣の姿であった。

その一方で、日本国憲法が国会の自律性を強めたという理解も早くから存在していた。政治学者の川人貞史(二〇〇五)が体系的な研究で鮮やかに示したように、明治憲法体制下の帝国議会の時代から、無用の政争を避けるための自律的議会運営が追求されていた。しかし、一九三八年の議会制度審議会答申が「帝国議会は行政、司法の府と相並び、立法の府として天皇政治を翼賛するの重責を有す」と述べていることに典型的に表れていたように、そこで想定されていたのは、天皇親政の建前の下で政府運営の一部を担う、権力分立的な議会像であった[★3]。

新しい憲法の下で天皇の政治的役割を取り除き、議院内閣制を明示的に導入してもなお、帝国議会が追求しようとしていた自律的な議会像は、国会の自己定義に影響を及ぼし続けた。国会が「国権の最高機関」であることの意味とは、他の政府諸部門、とくに内閣と行政官僚制に対して国会が優位し、密接な関係を保ちながら統御するということではなく、内閣に制約されずに自律した議会運営を行うことを保障された国会になること、と理解されたのである。日本国憲法が厳格な権力分立を定めるアメリカ合衆国憲法を母法としていることも、このような理解を促したであろう。

かくして、議院内閣制の論理（国会の信任によって内閣が存立する）と、国会中心主義の論理（国会運営は自律的で内閣に掣肘《せいちゅう》されない）という矛盾を抱えたまま、新しい憲法による国会は始動することになった。権力融合を特徴とする議院内閣制を採用する一方で、そこには権力分立に基づく立法と行政の分離を重視する考え方が併存していた（川人 二〇〇五）。あえて極論すれば、明治憲法体制の残滓《ざんし》がアメリカ憲法理論と奇妙な一致を見せ、日本国憲法に明記された議院内閣制を包み込んでしまったのである。内閣が国会に容喙《ようかい》できないように追求されたはずの自律的な国会という理念は、理論面での権力分立と、実質面での政策立案における官僚の役割の大きさによって、国会が内閣と官僚の活動に正面から介入する余地を狭めるように機能した。官僚を使いこなした吉田が「ワンマン」たりえた一因は、この点にもあった。

もっとも、占領期において国会が議院内閣制に適合的な自己像を形成できなかったからといって、首相が官僚のみに依拠して専断的に政策を決定できることを意味したわけではない。新しい憲法体制は民主主義となり、具体的な政治制度として議院内閣制を採用した。首相であれ誰であれ、いかに排除を望んでも、国会の影響力は厳然として存在した。当時、政権にとって最大の難問は参議院であった。占領期の参議院には貴族院出身者が多く、選挙や政党から距離を置こうとする志向があった。とりわけ、大会派でありながら党議拘束を行わない緑風会の存在は、参議院での法案審議や採決の予測を非常に難しいものにした。吉田ですら「参院における与党勢力の劣弱は政情を不安定にするものである」と認めざるを得ず、側近たちは参議院での多数派形成に頭を悩ませ続けたという（竹中 二〇一〇）。

2 自社二大政党の成立 一九五五〜六〇

保革両陣営の統一

一九五〇年代前半の日本の政党政治は、吉田時代の末期から、占領初期と同様、三党鼎立時代の様相を呈していた。四九年衆議院選挙で過半数の議席を獲得して以降、四年にわたって第一党に君臨した自由党が分裂したからである。五一年八月に公職追放を解かれた鳩山一郎が自由党に復帰すると、吉田と鳩山の角逐《かくちく》が深まり、五三年衆議院選挙を前に鳩山派が離党してしまったのである。若干の紆余曲折は経たものの、結局鳩山派はかつての民主党の後裔に当たる改進党に合流した。改進党と鳩山派が中心となった新しい民主党（日本民主党）は少数与党のまま鳩山政権を発足させ、五五年衆議院選挙ではついに自由党から第一党の座を奪った。政権末期に至って吉田の個人的な指導力が低下するとともに、民主党、社会党に続いて自由党もまた、中選挙区制下で大政党が直面する問題から逃れることができなかったのである。

その一方、右派と左派に分裂していた社会党は、左派が勢力を伸長させつつ統一の兆しを見せていた。片山政権や芦田政権の与党であった時期とは異なり、改進党や後の民主党と左派社会党の政策的な隔たりは大きく、一九五三年の自由党以外の諸政党による重光葵《しげみつまもる》首班工作も、政策的な提携というより反吉田提携の色彩が強かった（中北 一九九八、二〇〇二）。吉田が採用し、のちに吉田ドクトリンとも呼ばれることになる基本的な政策路線、すなわち外交面での対米協調、経済面での自由主義、そして社会面での微温的な保守主義は、吉田および自由党に対抗する勢力が政策面で一致した立場を採ることを難しくした。強いて挙げるならば経済政策であっただろうが、反吉田連携に不可欠な勢力であった社会党は、左派を中心に修正資本主義の立場にすら接近を拒むようになっていた。社会党が政権を握るには単独政権しかなくなっていた。

しかし、保守系政党の指導者や財界の首脳たちにとって左派主導による社会党の勢力拡大は脅威であった。彼らは、資本主義か社会主義か、という体制選択レヴェルでの一致があるにもかかわらず、保守陣営内部で対立が続くことで左派社会党や共産党にいっそうの台頭を許してしまう事態を恐れていた。国際的な東西対立が鮮明になるなか、中国や北朝鮮における共産党政権の樹立など、アジアで共産主義勢力が伸長傾向にあったことは、資本主義体制の維持を重視する人々にとって大きな脅威であった。

国内にも懸念を裏付ける状況が存在するように思われた。戦後急激に増加、先鋭化した労働組合の活動は、日々の職場環境に大きな影響を与えていた。多くの企業は、戦前には常識的であった職員と工員の区別を廃止し、解雇を含む人事事項への組合の同意確保の義務を負うようになったが、さらに一部には経営や生産の意思決定にも組合が関与する「生産管理」が目指される例も少なくなかった（久米 一九九七）。一九四八年に全日本学生自治会総連合（全学連）が結成された大学も、憲法による「大学の自治」の保障や公職追放の影響も受けつつ、学究の場から政治運動の温床《おんしょう》へと急速に変貌していった。共産党は終戦直後には野坂参三らの指導の下で平和革命路線が追求され、国会での議席獲得など合法的な勢力拡大が重視されていたが、共産党国際情報局（コミンフォルム）からの批判を受けて、五一年の綱領では中国革命に範を求めた武装闘争路線に転じていた。

かくして、一九五四年頃から保守政党の合同を目指す動きが強まり、与党・民主党側では岸信介や三木武夫、野党・自由党側では緒方竹虎や大野伴睦といった有力者が合同を推進した。経済団体連合会（経団連）を中心とする財界も、合同を支持し促進する動きを示した。自由党と民主党の政策には隔たりがあり、党首である総裁の選出方法をめぐる対立も大きかったが、社会党の再統一と勢力伸長に対する危機感を共有する両党の代表者は協議を重ね、五五年一一月一五日、自由民主党（自民党）の結党を見た［★4］。

社会党もまた、右派の水谷長三郎や左派の伊藤好道らを中心に、政権獲得を重視した現実的な政策を採用するという点での合意を形成し、一九五五年一〇月一三日に日本社会党として統一を実現させた（中北 二〇〇二）。こうして、自民党と社会党という二大政党が保守と革新の両陣営に分かれて対峙する「五五年体制」が成立した。

戦後保守政治の確立

中選挙区制の論理から言えば、政策の差異を重視して中規模ないし小規模の政党が多数成立した場合、それぞれが比較的安定した議席維持を期待できる。どの選挙区でも二〇％程度の得票で当選者を出すことができる中選挙区制の場合、すべての選挙区で当選者を出そうとすれば全国規模で二〇％程度の得票率が必要となるが、一部の選挙区のみで当選者を出すことに満足できるならば局地的に二〇％ラインを超えれば足りるので、全国的にはより低い得票率、少ない支持者数での議席獲得が可能である。選挙結果は小政党の議席獲得が相対的に容易で、かつ選挙結果の変動も乏しいという、比例代表制に近いものとなる（三宅 一九八八、川人 二〇〇四）。

言い換えるならば、中選挙区制における第一党が過半数の議席を獲得することは本来的には難しく、単独政権よりも連立政権に結びつきやすい。形の上では大政党が成立し、単独政権ができた場合であっても、実質的には複数の中規模政党が恒常的な連立を組んだ状態になるに過ぎない。むろん選挙ごとに連立の組み合わせを変えるより、恒常的に組み合わせが決まっている方が、政権が安定する可能性は高い。また、連立に加わってほしくない政党が存在する場合には、その政党を政権から排除するためにも恒常的な連立、すなわち形式上の大政党の形成は望ましい事態ということになるだろう［★5］。

一九五五年の保守合同は明らかに恒常的連立という性質を持った大政党の形成であり、社会党を政権から恒常的に排除することが「五五年体制」のもう一つの貌《かお》であった。確かに自由党も民主党も冷戦下において自由主義と資本主義を尊重する陣営に属し、社会主義や共産主義を否定するという、体制選択レヴェルでの共通点は存在した。しかし、それを具体的な政策として展開していく上での差異は決して小さくなかった。自由党は日米安全保障条約を基礎に軽軍備の下で国内産業の発展を期していたが、民主党は憲法改正を含む自主防衛を追求しつつ福祉政策にも相対的に関心を向けていた。したがって保守合同による自民党の成立は、日本政治における保守理念や政策体系の確立と見るよりも、自由主義や資本主義という体制選択が終わった後の政策選択の問題が、恒常的連立の内部争点になったと考える方が適切なのである。

五五年体制の初期に当たる一九五〇年代後半から六〇年代初頭にかけては、これら内部争点の存在が、首相の交代による政策転換を促したと考えることができるだろう。一九五四年から五六年の鳩山一郎政権、五六年から五七年までの石橋湛山政権、五七年から六〇年までの岸信介政権は、いずれも自民党内部で吉田路線とは異なる政策を唱えるリーダーに率いられていた。鳩山政権の日ソ国交回復や岸政権の日米安保条約改定、岸首相のアジア諸国歴訪は、彼らによる政策転換の試みの表れであった（北岡 二〇〇八）。石橋もまた、戦前から中国市場を重視し、ケインズ主義に基づく積極財政を強く主張した論客であったことを考えれば、吉田路線の修正を胸に秘めて首相の座に就いたことは想像に難くない。

彼らが志向した「吉田政治の総決算」は、一九六〇年の日米安保条約改定をめぐる混乱（いわゆる六〇年安保)を経て、最終的には吉田が敷いた政策路線を補強する結果となった。日ソ国交回復や首相の歴訪に始まるアジア諸国との戦後処理問題の進展、そして日米安保条約が両国の相互性を強める形で改定されたことは、日本を取り巻く国際環境を大きく改善した[★6]。その帰結として、一九五六年の国連加盟を経て、日本は日米同盟と国連重視を外交政策の二本柱としつつ、国内経済の発展の成果を国際社会に還元するという基本的な戦後外交のスタンスに至った。アメリカ(欧米)かアジアか、という明治以来の問題は、高度経済成長により二者択一から両立可能なものへと変化したのである。ここに、日米同盟を前提とした軽武装の下で経済発展を追求するという吉田路線は、一九六〇年代以降の保守政治における基本的合意となり、「自民党政治の黄金時代」(北岡 二〇〇八)を迎える。

社会党の伸び悩み

自民党に比べて社会党の統一は、憲法改正阻止や政権獲得といった具体的課題への対応としての側面を、より明瞭に持っていた。もともと、左派と右派の分裂は講和条約をめぐって生じたものだったが、その後の政策課題の変化に伴い、再軍備反対などの共通点も見出されるようになっていた(石川・山口 二〇一〇)。加えて、左派が分裂後、三回の衆議院選挙と一九五三年参議院選挙などで勢力を伸ばしたことは、左右両派それぞれに分裂を続ける意味について疑問を感じさせる効果を持ったであろう。自由党と民主党が拮抗している状態であれば、統一された社会党が政権を獲得できる可能性が大きくなる(中北 二〇〇二)。政権を目指すのであれば、分裂を続けることは賢明ではないことは明らかであった。

政権獲得という目標を掲げ、統一に際して左派と右派はそれぞれに歩み寄りを見せたが、党内の潜在的亀裂が消滅したわけではなかった。統一直後の社会党においても、自民党と同じく、残存する内部対立をどのように克服するかは大きな課題だったのである。しかし、党内の路線対立が政策転換のきっかけとなり、そのことが選挙での勝利に結びつく流れを作った自民党とは異なり、社会党の場合、内部対立は党の分裂と党勢の頭打ちにつながった[★7]。右派と左派の対立は意外なほど根深く、安全保障問題を中心とした政策路線だけではなく、戦前と戦後の左翼運動の理論や方法の違い、人脈の違いも反映していた。マルクス主義という強力な理論体系と、日本労働組合総評議会（総評）という戦闘的な支持母体を持ち、戦後入党した和田博雄や勝間田清一といった革新官僚出身議員を擁する左派から見ると、清濁併せ呑むイメージの強い西尾末広に代表される右派の姿勢は、あまりにも無原則で過度に妥協的であった。右派は逆に、左派の非現実的で硬直的な政策路線や、議会よりも院外運動を重視する姿勢が、社会党を政権から遠ざけていると考えていた。とりわけ左派幹部と西尾の対立は激しく、それは一九六〇年の日米安保条約改定に際し、西尾派を中心とする「民主社会党」（のち民社党）の結成へと至る。

民社党は大企業労組を中心とした穏健な労働運動を目指す全日本労働総同盟（同盟）の支持を受け、東京都立大学教授としてイギリス労働党を社会思想史の角度から研究していた関嘉彦ら理論的指導者も得て、議会重視による西ヨーロッパ型の社会民主主義政党となることを標榜《ひょうぼう》した。しかし、社会党から離脱する際に、河上丈太郎など他の右派幹部を引き入れることができなかったため、民社党は小政党にとどまった（城下 二〇一〇）。また、西尾派が抜けた社会党内部では右派の比重が低下し、国鉄労働組合（国労）や日本炭坑労働組合（炭労）を中心とする総評の支援を受けた左派の影響力が拡大していった。社会党が再度分裂し、しかも右派が社会党内部と民社党に分断されたことは、戦後日本政治において社会民主主義勢力が著しく脆弱な立場に置かれることを意味した（新川 二〇〇七）。社会民主主義勢力の弱体と政権参加の乏しさは、国際比較を行った場合に戦後日本の政党政治が示す顕著な特徴である（的場 一九九〇、二〇〇三）。また、左派が中心となった社会党も、その勢力は六〇年代初頭までに頭打ちになった。社会党単独での獲得議席数は、一九五八年総選挙での一六六議席がピークであり、民社党を合算しても一九六七年総選挙での一七〇議席が最高であった（石川・山口 二〇一〇）。

このような点から見ると、一九六〇年の安保条約改定をめぐる国内対立と全国的な大衆政治運動の高揚は、むしろ革新勢力にダメージを与えたとさえいえるだろう。だが、安保問題を含め、鳩山政権期から岸政権期にかけてのさまざまな政治変動が、戦後民主主義の基盤を固める効果を持ったことは間違いない。岸の安保条約改定に対する一般有権者の強い反発は、たとえ首相が掲げる政権の最重要政策を展開しようとする際にも、有権者の意向を無視できない時代になったことを示していた。鳩山一郎が病床から復帰し組閣の機会を得たときに生じた「鳩山ブーム」と、彼が導入を試みた小選挙区制に対して「ハトマンダー」というあだ名がつけられるという強い批判の明暗もまた、一般有権者が単に政治指導者に追従する存在ではないことの例証であった。それが外部から与えられたものか否かには関係なく、戦後日本の有権者は、新しい政治体制にふさわしい政治指導を求めるようになっていたのである。

政策過程の焦点変化

他方で、恒常的連立政党としての自民党が成立し、政策選択をめぐる主要争点が党内での路線対立に集約されることになったことは、政策過程における国会の役割を限定的なものにした。占領期から国会が「国権の最高機関」に適合的な自己像の確立に試行錯誤を繰り返していたことには既に触れたが、吉田政権末期における三党鼎立の復活や、常に過半数に満たない参議院の存在は、国会両院でいかに多数派を形成するかという問題を与党に突きつけ続けていた。しかし、保守合同と参議院での緑風会の勢力衰退により、一九五六年には自民党が衆参両院で過半数の議席を確保した。この時期以後、国会が内閣提出法案を実質修正したり、あるいは与野党が本格的な論戦を戦わせたりする傾向は次第に弱まっていく。

岸政権期の警職法や安保改定への反対活動などにおいて、社会党が院外運動を重視して一定の成果を収めたことも、政策過程の中心が国会ではないとの認識を助長することになった（森 二〇〇一）。議員主導で議会主義を重視する右派が民社党に部分分裂すると、社会党内部では左派の影響力が拡大したが、左派がマルクス主義への傾斜を強めれば強めるほど、国会での論戦などは形式的な民主主義に過ぎず、議員も一介の党員に過ぎないことになる。社会党は、外交や安全保障などについては原理的な反対を貫く一方で、有力な支持母体であった総評系労働組合の利害を表出させながら、しかし全体として国会を軽視するというスタンスを継続した。国会を軽視することは社会党が政策路線を定めるに当たって現実政治との接点が乏しくなることを意味し、それがさらに観念的な議論の影響力を強めた。

代わって大きな意味を持つようになったのが、自民党内部の意思決定過程である。政務調査会と総務会が中心となって行う内閣提出法案の与党事前審査が政策過程の焦点になっていった。一九六二年には、与党事前審査を経ない内閣提出法案は認めない旨の申し入れが、赤城宗徳総務会長名で大平正芳内閣官房長官に対して行われている。与党事前審査の意味が大きくなったことは、自民党内部の路線対立が党外に影響を及ぼさないことにつながると同時に、日本政治における利害調整の場が自民党に収斂《しゅうれん》したことも意味していた。自民党所属議員は、党内での意思決定過程では闊達に賛否両論を戦わせるが、ひとたび総務会を経て党議が決定されれば、国会での採決においてそれに反した行動をとることはまずなくなったのである。

この変化を国会の観点から捉えれば、占領期における国会中心主義ないしは権力分立の論理と、議院内閣制ないしは権力融合の論理の相克が、議院内閣制の優位という形で一応の決着を見たことになる。吉田政権の後半期には、憲法第六九条による不信任決議を経ずとも首相の自律的判断によって衆議院の解散を行うことができるという解釈が定着し、国会と首相の関係は、首相が与党執行部と一体になって国会運営に深く関与することが前提となりはじめていた。一九五四年の国会法改正によって議員提出法案（議員立法）に対するハードルが高まり、予算委員会中心の議事が行われるようになったことも、首相と与党の主導を促進した。自民党結党によって与党が安定する一方で、国会が与党内の意思決定がなされた後の政策過程の実質的な最終段階として位置づけられるようになったことは、国会運営が首相と一体性ある与党の存在を前提としたもの、すなわち議院内閣制の論理に従ったものになることにつながっていた。ただし、与党内部が中選挙区制で選出された議員から構成される以上、国会中心主義を退けてなお与党内調整の問題は残り、首相が強いリーダーシップを行使するには属人的な能力が必要であった。

3 政治経済の安定と多党化 一九六〇〜七三

池田勇人の高度経済成長路線

一九六〇年までに定着を見た戦後民主主義という新しい政治環境に、いち早く適応したのは自民党であった。改定された安保条約は参議院の議決がないまま衆議院での議決の優越により自然承認されたが、新条約の批准書交換と発効を見届けた岸政権は内閣総辞職によって終わった。代わって発足したのが、池田勇人率いる政権であった。

池田は京都帝国大学を卒業後に大蔵省に入り、主税局長と大蔵次官を歴任して政界に転じ、「吉田学校」

の優等生として早くから頭角を現した人物である。その経歴と、「貧乏人は［米ではなく］麦を食えば良い」といった閣僚としてのいくつかの失言から、池田には傲慢な印象があった。しかし、戦前にそのキャリアの全盛期があり、明治国家の申し子という自負を強く持っていた商工官僚出身の岸とは異なり、池田は戦前、病気とその治療のため官僚としての出世が遅れ、戦後の新しい政治体制の下で台頭してきた政治家であった。同じ経済畑の官僚出身でありながら、岸が「首相のやることではない」と軽侮した経済政策に、池田は主眼を置いた。大平正芳、宮澤喜一、下村治らをブレインとして提唱されたのが、「所得倍増計画」である［★8］。また政策以前の政治姿勢として「寛容と忍耐」「低姿勢」を強調したのも、岸との違いを明示するためであった。

多くの経済学者や経済史家は、池田政権発足当時の日本経済が、既に高度経済成長に向かって離陸していたことを明らかにしている（たとえば、香西 一九八一）。したがって、池田がどのような政策を採ろうとも、計数的には高度経済成長が軌道に乗っていた可能性は高い。しかし、手を伸ばせば果実が得られるとき、あたかも自分が果実を育てたかのように手を伸ばすことと、手にした果実の美味を周囲に説くことは、政治指導者の大切な資質である。政治は経済や社会、そこに生きる人々の行動を短期間のうちに変えることはできないが、社会の雰囲気や人々の気分を一変させることはできるからである。その意味で、池田には政治指導者として決定的に必要な資質が備わっていたのであり、大野伴睦や佐藤栄作といったライヴァルの存在という一定の緊張感の下で彼に四年半の政権を委ねることができた自民党は幸運であった。一九六三年に名神高速道路が部分開通、六四年に東海道新幹線が開通、そして東京オリンピックの開催という大きな出来事が続き、テレビを通してそれらを目の当たりにする家庭は年々増えていった。人々は高度経済成長の果実を実感し始め、それは少なくとも一面において池田政権と自民党の功績であると認識するようになっていった。

池田が経済成長を語り始めたとき、論理的には、社会党が採りうる選択肢はいくつかあったであろう。単純にいって、経済政策については高度経済成長路線を追認して争わないという選択(肯定)、池田以上の果実を得られると主張するという選択(部分否定ないし修正)、そして池田の政策は根本的に誤っていると主張するという選択(全否定)である。しかし現実には、自社両党間の対立軸が政治経済体制における理念的差異の上に築かれている以上、社会党にとっては池田の政策を資本主義者によるまやかしであるとして全否定することが、最も理にかなっているように思われ、かつ容易であった。総評を中心とした左派組合活動家たちも、社会党がそうした反応を行うことを期待した。

江田三郎が中心となって唱えた構造改革路線は、自民党の高度経済成長志向に対する部分修正を期するものであったが、社会党内では資本主義の容認に当たるとして強く批判された。一九六二年の党大会で江田は書記長の座を追われ、構造改革論が社会党の主流となる可能性は絶たれた(新川 二〇〇七)。当事者にその意識があったかどうかは極めて疑わしいが、社会党は池田の経済成長路線の全否定に党の命運を賭けたのである。その後の社会党は、圧倒的な左派主導の下で、少なくとも表向きは観念的な資本主義批判と社会主義肯定を続けることになる。

必然的な多党化

池田勇人政権、さらに続く佐藤栄作政権の時代には、自民党が高度経済成長を推進し、社会党が次第に実現可能性のある政策を打ち出すことへの意欲を失いつつある中で、両党とは異なった政策を掲げ、異なった支持層を持つ政党が台頭し始めた。一九六〇年に民主社会党(六九年から民社党)が誕生したことは既に見たが、六二年参議院選挙においては公明政治連盟(六四年から公明党)が国政進出を開始し、六九年総選挙では終戦直後を除いて五議席以下の小政党にとどまっていた日本共産党が一挙に一四議席を獲得した。五五年に自社両党が結成された後、最初の国政選挙が行われたとき、二大政党による国会での議席占有率は、衆議院（五八年総選挙、議席確定時ベースの数値）で九七・〇％、緑風会が存続していた参議院（五六年選挙）でも八二・三％に達していた。それが六〇年代末に至ると、衆議院（六九年総選挙）で七七・八％、参議院（六八年選挙）で八〇・八％にまで低下した（石川・山口 二〇一〇）。

保守合同と社会党統一による二大政党の成立は、しばしば戦後日本政治における一大画期だと考えられている。にもかかわらず、実際に自民党と社会党が議席をほとんど独占する結果となったのは、衆議院では一九五八年選挙のみ、緑風会が残存していた参議院では一度も生じなかった。二大政党が議席を事実上独占した時代は、なぜ短期間しか続かなかったのであろうか。そこには、大きく分けて二つの理由があると思われる。

まず、高度経済成長が続くなかで社会党が観念的な資本主義批判にとどまったために、体制論ではなく政策論のレヴェルで政権に批判的な有権者の受け皿が、別の政党として成り立つことになった。有権者は、高度経済成長の果実を日々享受しながら、自民党政治に全面的に満足していたわけではなかった。少し時代は下るが、NHK放送文化研究所が一九七三年に行った「日本人の意識」調査では、世論が国政にどの程度反映されていると思うかという質問に対し、「少しは反映している」という回答が五二・四％、「まったく反映していない」が一九・二％、日本の政治課題として「国民の福祉を向上させる」を挙げた回答者が四八・五％に上った。また、支持政党がないとする回答者も、この時点で既に三一・六％に達しており、自民党支持の三四・三％に迫っていた（NHK放送文化研究所 二〇一〇）。

有権者は、とくに福祉政策や環境政策に関して自民党への批判を強く抱いていた。過疎と過密の問題がクローズアップされ、四大公害から光化学スモッグやヘドロに至るまで環境汚染が深刻化し、レイチェル・カーソンの『沈黙の春』（初邦訳は一九六四年）が話題になる時代であった。高度経済成長の陰には多くの社会的弱者や被害者がおり、座視できない状況に置かれていることを、人々は次第に認識するようになっていた。それは単にマクロで国家的な課題というだけではなかった。進学や就職を機に都市部に住むようになり、汚れた空気や河川に囲まれて暮らしつつ、故郷に残した肉親のことを思う多くの人々にとっては、ミクロで身近な問題でもあった。公明党・民社党・共産党が、いずれも結党当初のイデオロギーや政策を後景に退かせ、福祉政策を中心的論点に都市有権者の支持を獲得しようとして、一定の成功を収めたのは当然であった。

そして、日本が衆議院選挙で採用していた中選挙区制の下では、二大政党による議席独占が続くのは極めて難しいという制度的要因はやはり決定的である。中選挙区制下の大政党は、実質的には小政党の恒常的連立と理解すべきであることは既に述べたが、これは政権与党であった自民党には可能でも、非政権党であった社会党には維持が難しかった。そのため、二大政党の分裂は社会党から始まり、多党化は主として社会党の勢力減とセットで生じた。社会党の歴史は、党勢の衰退が路線対立につながり、さらには分裂に向かうという、中選挙区制下の大政党の典型例だといえる。

しかし、自民党にも影響が及ばなかったわけではない。党内の派閥対立は全く解消しそうになく、むしろ派閥の組織的強化や議員間の分業が進んだ（佐藤・松崎 一九八六、建林 二〇〇四）。それと同時に、与党としての地位を維持できる過半数の議席確保が現実的目標となり、岸政権期のように憲法改正に必要な両院三分の二の議席を目指した候補擁立はなされなくなった。戦後の憲法問題を語る際に、しばしば革新勢力あるいは護憲勢力が三分の一の勢力を確保したことが強調されるが、それは単一の保守政党となった自民党が三分の二を目指さなくなったことの裏返しなのである。

経済成長のひずみと終焉

日本経済は快走を続けていた。国内総生産（GDP）は驚異的なペースで伸び続け、これに見合う形で所得も上昇していた。物価も上がったが、それを上回る所得の上昇があったため、生活水準は著しく向上した。大阪・千里ニュータウンや東京・多摩ニュータウンに代表される郊外の大規模団地や住宅地の開発が続々と進み、人々の住居と生活様式は一変した。国鉄や私鉄の輸送力増強は急ピッチで行われ、高速道路や国道も次々に開通したが、なお十分ではなく、急激に拡大する大都市圏では「通勤地獄」「渋滞地獄」が常態化した。一九五〇年代末には白黒テレビ・電気洗濯機・電気冷蔵庫が「三種の神器」といわれて人々の憧れの的となったが、六〇年代末にはカラーテレビ・自家用車（カー）・クーラーの「3C」が「新三種の神器」として取って代わった。人々は自宅の居間で長嶋茂雄や村山実の活躍に熱狂し、短い夏休みには家族を自家用車に乗せて行楽に出かける人も見かけるようになった。海外渡航が自由化されたのは一九六四年のことで、まだ航空運賃も宿泊費も高額だったにもかかわらず、一九七〇年には六六万人が海外に渡った。右肩上がりの時代であった[★9]。

所得倍増計画に始まり東京オリンピックに終わった池田政権は、吉田路線という骨格に豊かな肉付けをしたと言えよう。続く佐藤政権の課題は、吉田から池田までの時期に形成された戦後日本のプロポーションを、できるだけ維持することであった。具体的には、日本の経済が引き続き好調な巡航を続けられる政治的および社会的環境を維持することと、高度経済成長の成果によらなくては解決できない課題に対処することが、佐藤政権の使命であった。

佐藤政権が取り組んだ最大の政策課題は、内政においては公害問題への対処であり、外交においては沖縄返還問題であった。まず、環境政策について検討しよう。池田政権期の全国総合開発計画（全総）以降、本格化した地域開発によって、戦前からの工業地帯であった京浜地区や阪神地区だけではなく、全国各地に大規模なコンビナートや工業団地が形成されるようになった。それに伴い、大気や水質の汚染は深刻になり、各種の公害病が多発した。一九七〇年代初頭までに四大公害訴訟の第一審判決はすべて原告側の勝訴となり、独自の公害対策を採る地方自治体も急増した。佐藤政権は、七〇年に公害対策基本法を全面改正するなど環境規制を強化し、七一年には大臣を置く庁として環境庁を発足させた（河野 二〇〇二）。

一方の沖縄返還問題は、住民運動や地方自治体の動きを後追いした感の強かった公害問題に比べ、佐藤のイニシアティヴが強く発揮された政策課題であった。もともと佐藤が沖縄問題に取り組むきっかけとなったのは、一九六四年の自民党総裁選挙で、三選を目指した池田に挑戦するための政策の柱として、この問題に注目したからであった（北岡 二〇〇八）。沖縄返還は戦争で失った領土を交渉で返還させるものであり、しかもヴェトナム戦争を行っているアメリカにとって沖縄は戦略上の重要拠点であった。実現可能性を考えて、外務省はこの問題に冷淡であった。しかし佐藤は、秘書官の楠田實が集めた、高坂正堯、永井陽之助、山崎正和などの若手知識人ブレインを動員して方策を練り、若泉敬を密使としたジョンソンやニクソンとの首脳外交を活用してアメリカと粘り強く交渉した（千田 一九八七、高坂 一九九五、森田 二〇一一）。

難航した日米交渉の末に、沖縄に配備されていた核兵器の撤去や安保条約の事前協議の沖縄への適用、すなわち「核抜き本土並み」の条件での返還が実現する。施政権の返還は、七一年五月に行われた。日米繊維交渉の不合理な妥結や核をめぐる密約など、沖縄返還をめぐっては、そのタイミング、交渉手法、および成果について疑問視する見解も存在する。日米同盟のコストについて、現在なお沖縄の人々に過大な負担を強いていることも間違いない。しかし、佐藤の努力とそれを支えたブレインの献身がなければ、沖縄問題をめぐる進展はなく、施政権返還も実現していなかったであろう。

一九六九年から七〇年にかけて、佐藤政権は順風満帆に思われた。六八年頃から先鋭化していた大学紛争を抑え込む大学立法を行い、沖縄返還交渉の余勢を駆って六九年一二月の総選挙では圧勝、公害規制の強化にも着手して、七〇年の自民党総裁選挙では難なく四選を果たした。ところがその後、事態は急激に暗転する。七一年六月の参議院議員選挙で自民党は予想外の不振に終わり、選挙後には重宗雄三議長の四選をめぐって党内が分裂状態になった末に、野党と三木派などが推した河野謙三が参議院議長となった（待鳥 二〇〇二）。

河野は自民党議員だったが、議長就任に当たって党籍を離脱し、七割は野党を重視するという「七・三の構え」をモットーに議事運営を行った（竹中 二〇一〇）。緑風会が衰退し、自民党が参議院でも過半数の議席を確保したのは五六年のことだが、それ以降も参議院自民党は相対的に自律性を保っていた。池田政権から佐藤政権の時期には、重宗議長を頂点とする参議院自民党執行部との関係を密にして、本来は衆議院と参議院が両院協議会や衆院再議決などの公式ルールを整備して行うべき議院間の調整を、自民党幹部相互間で行われる非公式の党内調整に変換することで、参議院が政策過程の焦点になることを防いでいたのである。河野の議長就任は、その手法を困難にするものであった。

佐藤政権末期の苦境は続いた。翌七月には米中国交正常化交渉の開始、さらに八月には金とドルの交換停止などを柱とするアメリカの通貨政策の大転換という、二つのニクソン・ショックが襲った。ニクソン・ショックは、アメリカの覇権と日本への好意を前提にした対外政策には限界があることを示し、大きな混乱を日本の政治経済にもたらした。しかし、日本はそれに戦略的に対処する暇《いとま》を与えられないまま、続く田中角栄政権期に、七三年の石油危機が起こった。原油価格の高騰は、固定為替相場制の放棄と相俟《あいま》って、戦後日本の経済成長の基礎条件を掘り崩し、高度成長の時代は終焉を迎えるのである。

政治のルーティン化

高度経済成長の下で政治的課題が変化し、かつ多党化が進むにつれて自民党と社会党の対立が弛緩したことは、日本政治に大きな影響を与えた。すなわち、一方で自民党内の意思決定メカニズムがいっそう精緻化され安定的なものになり、他方において国会運営は自民党が恒常的な単独与党であることを前提にしたものへと変化していった。

まず自民党の内部組織について見ておこう。社会党が政権獲得をほぼ断念しつつあった一九六〇年代初頭以降、それと並行するように政務調査会と総務会を中心にした自民党内の意思決定が大きな意味を持つようになったことは既に述べた。その傾向は六〇年代から七〇年代前半を通して強まり続け、自民党に所属する国会議員にとっては、国会内でどの委員会に所属するかではなく、自民党内でどの政調部会に所属するかが、自らの政策能力向上に決定的な意味を持つようになった。その結果、農林部会、商工部会、建設部会といった利益配分を扱う部会には、所轄省庁や当該政策領域の特徴を熟知し、省庁官僚とともに予算拡大のための活動を積極的に行う「族議員」が出現するようになる(猪口・岩井 一九八六)。中選挙区制の下で同じ選挙区から当選する複数の自民党議員がいる場合には、所属部会を異なるようにして、分業を進めるケースも登場した(建林 二〇〇四)。

総務会の意思決定は全会一致で行うことが慣例として確立され、強い関心を持つ議員の意見を聞くことに徹しつつ、巧みに「ガス抜き」を行って「落としどころ」を見出す政治家が活躍するようになった。総務会長を一〇期にわたって務めた鈴木善幸は、その代表であろう。また、閣僚ポスト配分を頂点とする人事慣行も安定し、政治的立場や所属派閥に関わらず、当選回数に基づいた共通のキャリアパスが形成されるようになっていった（佐藤・松崎 一九八六、野中 一九九五、川人 一九九六）。

高度経済成長を目指した池田、沖縄返還や公害問題に取り組んだ佐藤といった強力なリーダーがいた当時はまだ目立たなかったが、このようにして自民党は、全体として執行部に属さない一般議員の影響力が大きい、ボトムアップの意思決定を特徴とする政党としての特徴を徐々に明確にしていった［★10］。中選挙区制の下では、同一選挙区内で自民党候補者の競争が存在する一方、少数派が代表されやすく議席配分が比例的であるため政党間の勢力には大きな変化が生じにくい。一度地盤を確立してしまえば、自民党公認でなくとも保守系無所属や小政党候補者として立候補する余地があった。そして、自民党はそもそも複数の政党が人為的に合併して成立したものであるため、中選挙区制である限りは常に分裂の潜在的可能性が存在した。そのため、執行部から見れば所属議員を強く統制することは困難であり、執行部入りしていない議員から見れば執行部に楯突くリスクが少ない状況が生じた。この状況への対処が、ボトムアップの意思決定によって党の方針に一般議員の意向を反映させやすくすることだったのである。

政策決定の中心が与党である自民党の内部意思決定に移行するにつれて、国会は野党の活躍の場となっていった。この時期の野党が熱心な討論を行ったのか、審議拒否などをする一方で議院運営委員会（議運）や国会対策委員会（国対）を通じた取引を重視していたのかについては、さまざまな見解が存在する（福元 二〇〇〇）。しかしいずれにせよ、自民党が両院で単独過半数を確保しており、かつ各党の党議拘束が強いにもかかわらず、国会での内閣提出法案成立率は、イギリス議会など議院内閣制の下で単独政権が成立していた諸国よりも低い傾向にあった。ここから、日本の国会は野党に抵抗の機会を与える機能を果たしているという「粘着性論」が主張されるようになった（Mochizuki 1982; 岩井 一九八八）。マスメディアも、自民党政権が交代しないことを前提に、手段を問わず野党の抵抗を称賛する傾向を強めた。だが、それは有権者には分かりづらかったため、国会は形骸化した存在だと捉えられがちであった。また多くの場合、自民党は本当に成立させたい法案については優先的に審議していたとの分析もある（増山 二〇〇三）。全体として、この時期の野党の活動への評価は定まっていない。

4 与野党伯仲と保守復調 一九七三〜八九

与野党伯仲時代の到来

一九七二年に佐藤が退陣した後を引き継いだのは田中角栄であった。佐藤は福田赳夫を後継者として念頭に置いていたと考えられているが、ニクソン・ショックや参議院選挙での敗北など七一年に生じたさまざまな混乱の渦中で、田中は佐藤派の切り崩しを進め、佐藤が後継指名を行う余地をなくした。その上で「角福戦争」と呼ばれる激しい総裁選挙を勝ち抜き、自民党総裁そして首相の座を占めたのであった。田中はライフワークとも言うべき国土開発に力を注ぎ、「日本列島改造」を掲げたが、折からの景気過熱と石油危機によって引き起こされた急激な物価高騰で開発政策の展開は困難になった。七二年に実現した日中国交回復は、外交に関心が薄かっただけ過去の経緯に起因する制約が少なかった田中ならではの功績であったが、「狂乱物価」を引き起こした経済失政とそれに伴う参議院選挙での敗北、ジャーナリストの立花隆らが暴いた不正金脈問題により、田中は七四年、首相在任二年での退陣を余儀なくされる。

田中の辞任の後は三木武夫が首相となり、さらに福田赳夫、大平正芳の政権が続くが、いずれも在任二年程度の短命に終わった。その理由は、大きく分けると二つある。一つは、政党組織や選挙の問題である。自民党結党以来、ごく短期間で病気により辞任した石橋湛山を除くすべての総裁は、退任時には政治家としてのキャリアを事実上終えていた。ところが、田中は五〇歳代半ばで総裁・首相になり、二年強で退任した。しかもその後にロッキード事件で逮捕されたことから、彼の政治生命は最終段階で不完全燃焼のまま終わり、田中と彼に対抗する有力政治家たちの反目が自民党内に残存することになった。それは自民党のイメージを悪化させ、一部議員の離党による「新自由クラブ」の結成と相俟って、一九七〇年代後半、自民党は単独過半数を失いかねない状況を迎えた。

もう一つの理由は、この時期が戦後日本の政策的な転換期に当たったことに求められよう。高度経済成長の終焉は、終戦直後や冷戦終結後ほど強く意識されたわけではないが、やはり大きな秩序変動期であった。すなわち、それまでの安定的な世界経済や歳入増の構造が急激に崩れ、財政悪化の中で福祉の拡充や世界経済の牽引役が期待された。それは困難な作業であり、当然有権者の多数から肯定的な評価を受けることはできなかった。与党である自民党は変革期の困難を一手に引き受けねばならず、この時代の首相たちは、いわば犠牲になった側面がある。ただし、福田による東南アジアを重視した新しい外交政策や、大平による田園都市国家構想など、転換期ならではの模索が行われ、部分的には次の時代を準備したことも確かであった。

選挙での敗北は、党内での責任追及という形で抗争を激化させ、総裁選挙での現職の敗北や野党との提携による内閣不信任などにつながった。自民党は長期にわたって単独与党だったが、本質的には中選挙区制下での恒常的連立与党であった。中選挙区制における大政党には、党勢が弱体化したときに政策路線をめぐる党内対立が激しくなり、それが離党や他党との提携を含む権力闘争につながるという難問が常に伏在している。高度経済成長期には隠れていたこの難問が、頭をもたげ始めていたのである。しかしこの時点においてもは、戦後形成された社会経済秩序は、なお根本的な修正や変化を求められるまでには至らなかった。選挙結果の変動幅が小さいという中選挙区制が持つもう一つの性格や、農村部を過剰代表していた議員定数配分の効果もあって、自民党の優位そのものは辛うじて保たれた。日本の社会経済が高度経済成長から安定成長へのギアチェンジに成功するとともに、一九八〇年代における空前の保守回帰が生じて、自民党には再度の栄光期が訪れることになる。

野党間協力の試みと挫折

多党化が進展し、社会党が衆参両院で単独過半数の議席を占めて政権を獲得する可能性が消滅する中で、野党各党はまず連携して与党である自民党に対抗する方途を探った。前節で述べた国会での抵抗はその一環でもあるが、より本格的な選挙協力なども模索されるようになった。だが、その道のりは容易ならざるものであった。中選挙区制の下では小政党であっても議席を確保できる以上、自民党に対抗して野党政権を樹立するという大義名分以外の誘因がそもそも乏しかったことは明らかだが、各党間の関係も悪すぎたのである。

まず、結党の経緯から、社会党と民社党の間には抜きがたい相互不信が存在していた。一九七〇年に民社党委員長だった佐々木良作が社公民提携を呼びかけ、これ以後、断続的に公明党を介した提携が模索されていった。しかし社公民提携は、外交・安全保障政策における足並みの乱れや選挙協力の失敗から、しばしば中断した。また、宗教観や共産主義観の決定的差異や党組織拡大などの日常活動における抵触から、公明党と共産党の連携も著しく困難であった。七四年には作家の松本清張の仲介によって、公明党の支持母体である創価学会と共産党の間で「創共協定」が結ばれるが、ごく短期間のうちに破綻を来たし、全野党提携は実現しなかった。八〇年代に入ると社公民三党は共産党を硬直的だとして非難し、共産党は逆に三党が国対政治によって自民党と気脈を通じているようと批判するようになった。

自民党に対抗する野党の協力が大きな成果を収めたのは、国政ではなく地方政治においてであった。戦後、首長と議会が別々に公選される二元代表制が導入され、地方に強固な基盤を持たない野党であっても、とくに首長選挙では魅力的な候補を擁立することで勝利を収められる可能性が高まった。既に一九四〇年代から、京都府の蜷川虎三のように社会党と共産党の支援を受けた知事が存在したが、それがさまざまな都道府県知事や都市部市長へと一気に広がったのは六〇年代から七〇年代前半のことであった。東京都の美濃部亮吉、大阪府の黒田了一、神奈川県の長洲《ながす》一二《かずじ》など、当時「進歩派」と呼ばれた左派系の大学教授ほか、ソフトな印象の候補者を社会党と共産党が中心になって擁立し、一期目あるいは二期目から公明党と民社党も支援するという構図がしばしば見られた。これら社共両党を中心とした野党提携によって当選した首長を擁する自治体を、一般に革新自治体と呼ぶ（曽我・待鳥 二〇〇七）。

国政レヴェルで実現が難しかった野党提携が地方政治レヴェルで可能になった理由は、次のような点に求められる。一つは政策面であり、外交・安保という野党提携の泣きどころが地方政治には存在せず、逆に福祉や環境といった自民党が得意としない政策分野が焦点となることが多かったこと、そして都市部の有権者が自民党政権への批判的な意識を地方選挙に投影させたことが挙げられよう。もう一つは制度面である。地方自治体の首長のように独任ポストを選出する場合には、小選挙区制と同じく大政党が有利となるため、小政党は協力関係を形成する誘因を持つ。さらに地方の知事や市長選挙では候補者イメージの持つ意味が大きく、有権者は議会選挙とは異なった政党の候補に投票する「分割投票」が可能である。逆に、大選挙区制や中選挙区制がもっぱら採用されていた議会選挙では政党間協力はほとんど実現しなかったため、革新自治体はほとんどが首長与党少数のままであった［★11］。

しかし、こうして誕生した革新自治体も、福祉や環境といった得意分野での自民党の追い上げと、社会党や共産党の支持母体である公共セクター労働組合への過度の優遇への批判の強まり、そして石油危機以後の地方財政の悪化に伴い、一九七〇年代末からは急激に減少していった。首長には保守系ないしは保守と中道の相乗り候補が当選し、保守系多数の議会や中央の自民党政権と政策の基本的方向性を共有しつつ、地方交付税などに支えられた相対的に安定した財源を活かして総花的に予算配分するのが、八〇年代の地方自治体の平均的な姿となっていった。

新中間大衆の時代

一九七〇年代から八〇年代にかけては、どの先進国にとっても難しい時代であった。その大きな要因の一つが、石油をはじめとする一次産品を豊富に有する新興諸国に勃興した「資源ナショナリズム」である。資源ナショナリズムとは、それまで植民地時代の旧宗主国などの先進諸国系資本によって押さえられてきた天然資源開発に伴う諸権利を、資源保有国である新興諸国が取り戻し国富を増大させようとする考え方である。石油危機はその典型的な表れで、国際政治経済秩序に大きな混乱をもたらした。日本の高度経済成長もまたそれによって終止符を打たれ、政治経済の不安定期を迎えた。

しかし、総体としてみれば、日本の政治経済はニクソン・ショックや石油危機に始まる一九七〇年代から八〇年代にかけての国際的混乱を、諸外国に比べて巧みに乗り切ったといえる（久米 一九九七）。七〇年代前半のインフレは確かに激しかったが、不況下にも物価上昇が続きスタグフレーションに陥ったアメリカと比べれば短期間で収束した。失業率も、西ヨーロッパとアメリカのいずれの国に比べても低い水準にとどまっていた。八五年にはドル安是正を国際協調によって行うという「プラザ合意」が成立し、為替レートが急激に円高に転じたが、それによる製造業をはじめとする輸出業界への悪影響も致命的な打撃とはならなかった。日本は、七〇年代から八〇年代の混乱への対応を経て、西側先進諸国の中でも一、二を争う経済パフォーマンスを達成するに至ったのである。

それに並行するように、人々の考え方にも次第に変化が見られるようになった。その一つは、戦後日本の来歴と現状について肯定的評価を与える人が増加したことである。NHK放送文化研究所の世論調査では、生活全体について「満足」「やや満足」とする回答者が一九七三年の七七・五%から八三年には八六・四%に、「日本は一流国だ」とする回答者が四一・〇%から五六・八%に、それぞれ上昇した。同じ期間に、自民党の支持率も三四・三%から四〇・六%へと上昇した。もう一つの変化は、物質的充足ではなく精神的充実に重きを置く人が増えたことである。やはりNHK放送文化研究所の世論調査データを見ると、仕事よりも余暇、未来よりも現在、能率よりも情緒を重んじる回答者の割合は、調査を重ねるたびに上昇していった。

物質的充足から精神的充実への重点の変化は先進諸国に共通して見られる現象で、政治社会学者のロナルド・イングルハートが「脱物質主義的価値」の台頭と呼んだものだが、日本の場合にはそれが現状肯定や生活保守的な態度と結びついていたのが特徴的であった。経済学者の村上泰亮はこうした考え方を持つ人々を「新中間大衆」と名づけ、彼らの存在が八〇年代の日本の政治経済に大きな意味を持つと考えた（村上 一九八四、Inglehart 1990; NHK放送文化研究所 二〇一〇）。

日本の政治経済に対するアカデミックな評価も、この時期に大きく転回した。戦後日本の急激な復興と高度経済成長による政治・経済・社会の変化に対する分析は、一九五〇年代後半から六〇年代前半にかけての、松下圭一、田口富久治、升味準之輔、福井治弘といった政治学者の研究に見られる（大嶽 一九九九）。しかし、より体系的な議論は一九七〇年代に開始されたというべきだろう。とりわけ、七九年に政治学者エズラ・ヴォーゲルによって*Japan As Number One*（Vogel 1979）が、八三年に同じく政治学者のチャルマーズ・ジョンソンによって*MITI and the Japanese Miracle*（Johnson 1983）が、それぞれアメリカで刊行され、翻訳によって日本でも知られるようになったこと、また八一年に行政学者の村松岐夫《むらまつみちお》によって『戦後日本の官僚制』（村松一九八一）が出版されたことは、従来「経済一流、政治三流」として、ジャーナリストだけではなく専門的な研究者でさえ高度経済成長に対する日本の政治行政の貢献を軽視してきた雰囲気に、大きな衝撃を与えた。その後、日本の政治経済をめぐる議論は、高度経済成長以降の良好な経済パフォーマンスと政治的安定を前提として、その下での影響力関係を分析する「日本型多元主義」論争、さらには日本の政治行政と経済の関係を国際比較の中で検討する政治経済学へと向かうことになる。

保守・中道連携の定着

一九七〇年代後半にはいったん低迷期に陥っていた自民党は、「新中間大衆」を中心とした有権者の保守回帰を背景として、八〇年代に入ると復調した。選挙期間中の大平首相の急逝という突発事があった八〇年衆参同日選挙はやや評価が難しいにしても、八三年六月の参議院選挙でも改選前議席を上回った。田中角栄が被告人となっていたロッキード事件第一審判決後の八三年一二月総選挙では大敗したが、新自由クラブとの連立で政権を維持し、八六年衆参同日選挙では衆議院で三〇〇議席を超える圧勝を収めた。大平の後を受けた鈴木善幸が二年で辞任した後、念願の首相の座に就いていた中曾根康弘は、自民党が「左にウィングを伸ばして」新しい時代に入ったと主張した。八二年に発足した中曾根自身の政権も、佐藤以来の長期政権として八七年まで続く。

自民党の復調を支えた要因の一つが、前節に見た高度経済成長期に始まる党内運営の安定化にあったことは確かである。保守合同前の自由党と民主党にも既に存在していた派閥は、中選挙区制の下でさらに確立された存在となっていた。自民党が恒常的連立である以上、連立を構成する各政党に当たる何らかの単位が党内に生まれることは不可避であり、それが派閥であったとしても、本来はとくに驚くべきことではない。しかし、マスメディアや有権者は派閥の存在や相互対立を批判的に見ており、自民党のイメージ低下につながっていた。八〇年代に入ると、自民党議員のキャリアパスや政策能力育成の仕組みが整っただけではなく、総裁選挙でも激しい競争が生じなくなり、派閥そのものは組織として安定する一方で、派閥を中心にして党内抗争に明け暮れる政党としての自民党イメージは大きく変わっていった。また、族議員の持つ専門知識は高い水準に達しており、政策立案能力においても野党を圧倒するようになっていた。

しかし、今日の時点から振り返ったとき、この時期の政党政治にとってより特徴的なのは、中道政党が保守政党との提携を具体的な選択肢とし始めたことであろう。先に見たように、一九七〇年代の中道政党は社会党を中心とする革新政党との連携に重点を置いていたが、十分な成功を収められなかった。変化はまず地方政治レヴェルで始まり、七〇年代末には、東京都・大阪府・京都府といった代表的な革新自治体の知事選挙において、公明党と民社党が自民党との統一候補を推薦するか、あるいは革新系候補の支持から離れて自主投票に転じるといった現象が見られるようになった。その流れは八〇年代に入ってからも止まることはなく、地方選挙での野党統一候補はほとんど見られなくなった。国政レヴェルでも、社公民連立政権構想が完全に捨て去られたわけではなかったが、中曾根政権の中心的な政策課題だった行政改革や国鉄改革に対して社会党と公明・民社両党は異なったスタンスを取るなど、野党間の足並みは乱れがちであった。共産党は完全に孤立するようになり、「与野党なれ合い」への批判を強めていった。

政策的に見ても、中曾根時代には大きな変化が見られた。自民党は、農村部の地盤維持と都市住民のニーズの双方に対応するため、一九七〇年代には社会保障の拡充などの福祉政策に重点を置き、日本は福祉国家への道を歩み始めていた［★12］。しかし、石油危機以後の税収の伸び悩みの下で、義務的な歳出の増大を伴う社会保障の拡充は困難になり、むしろ財政再建の観点からその整理が求められるようになった。中曾根は、「大きな政府」とその後景にある福祉国家化を問題視し、アメリカのレーガン政権やイギリスのサッチャー政権が推進していた新自由主義を政権の基本路線として、「小さな政府」を志向する行財政改革を進めた。行財政改革を行うに当たって中曾根が大きく依存したのが、鈴木政権期に設置されていた第二次臨時行政調査会（第二臨調）であった。中曾根政権期における行財政改革の直接的な成果は、大幅な赤字と労使関係悪化による職場規律の荒廃に苦しんでいた国鉄を分割民営化し、電電・専売の二公社をそれぞれ日本電信電話（NTT）・日本たばこ産業（JT）へと一体のまま民営化したこと、および一部省庁の統廃合を行った点に限定された。しかし、政府のあり方についての理念や政策の基本的方向性が全面的に転換した効果は、九〇年代以降の日本政治に大きな影響を与えることになった（飯尾 一九九三、大嶽 一九九四、豊永 二〇〇八）。

5 連立と政権交代 一九八九〜二〇一二

利益政治の爛熟

一九七〇年代以降の国際政治経済秩序の大きな変動を乗り切り、八〇年代に入って新自由主義の理念を採用した日本は、八〇年代末に至って好況を迎えた。この好況は後に「バブル景気」といわれ問題視されるようになったが、元来は他の先進諸国に比べて良好なマクロ経済パフォーマンスが出発点であり、実態のないものではなかった。また、好況があってはじめて、八五年のプラザ合意以降の円高による影響を食い止め、八七年に発足した竹下登政権期における「増税なき財政再建」の実現が可能となったのである。八九年の消費税導入への抵抗が相対的に小さくて済んだのも、好況だったことによるであろう[★13]。しかし、とくに金融政策面において直前の円高不況時に緩和したまま適切な利上げなどを行わなかったことと、中曾根政権期から進められた「民間活力(民活)」の利用による都市開発の推進などの帰結として、大量の資金が不動産市場や証券市場に流入することとなった。土地や株の価格は次第に使用価値や企業価値と乖離したものとなり、九〇年代に入って下落局面に至ったときに、多くの金融機関や企業に重大な悪影響を及ぼした(村松・奥野 二〇〇二、上川 二〇〇四)。

景気が経済実態から離れはじめる頃、自民党が中心になって担ってきた戦後政治の爛熟も顕わになりはじめていた。竹下政権は、財政再建や税制改革を実現し、さらには農産物自由化などにも着手しており、後から考えれば中曾根を引き継ぐ新自由主義の政権だったのであろう(久米 一九九五)。だがその一方で、「ふるさと創生」を唱えて全国の地方自治体に一律一億円の交付金を配分するなど、意図や根拠の判然としない政策も採用していた。竹下自身が田中角栄の薫陶を受け、島根県の農村部選出の議員であったこともあり、利益誘導を重視する政治家という印象を周囲に与えていた。そして、一九八九年にはリクルート事件が発覚する。多くの有力政治家が、就職情報提供などで急成長したリクルート社から関連企業の未公開株を譲渡され、株式公開後に巨額の利益を得ていたという事件であった。株価の高騰を利用して閣僚を含む多数の政治家が役得的な蓄財を行ったとして、政権は強い批判にさらされた。好況がバブル化する中で拝金主義や過度の物質主義が蔓延し、保守政治家もそれには無縁でなかったことに有権者は敏感であった。消費税導入・農産物自由化・リクルート事件が「三点セット」として野党やマスメディアからの非難を浴びる中、八九年六月に竹下内閣は総辞職した。

一九八九年七月の参議院選挙において、自民党は空前の惨敗を喫した。獲得議席は三六議席にとどまり、三年前の七二議席はもちろん、六年前の六八議席にも遠く及ばなかった。非改選議席を含めても自民党は過半数に達せず、参議院は完全に与野党の勢力が逆転した。竹下の後を受けた宇野宗佑が率いる内閣は、選挙結果への責任を取って総辞職した。その後の首班指名選挙では、参議院において社会・公明・民社の各党と連合参議院が推した社会党委員長の土井たか子が指名され、衆議院は自民党総裁となった海部俊樹を指名したために、国会では芦田内閣期以来の首班指名に関する両院協議会が開かれた。続く九〇年二月の総選挙でも社会党が一三六議席と大幅に議席を伸ばし、自社二大政党の時代が再来したかのような印象を与えた。

しかし、実際に活用されるようになったのは、自公民連携であった。その大きな理由は二つあった。一つには、参議院の権限と勢力分布を考えるとき、与党である自民党としては法案ごとの野党との連携か、連立政権の樹立しか選択肢がなかったことが指摘できる。確かに、原理的には多くの重要法案について参議院で野党に否決や修正を行わせ、両院協議会に持ち込むことも考えられる。だが、首班指名のように衆議院の優越が定められていない場合には、院としての意思（院議）を構成した会派からのみ代表が送られる両院協議会では、成案が得られる可能性はほとんどない。それよりも、事前に衆参両院にまたがる多数派をできるだけ安定的に確保する方が、与党にとっては好都合である。一部の野党にとっても、自らの求める政策を実現できる好機であった。自民党と公明党、民社党が連携しはじめたのは、この意味で自然な帰結であった。それは、両院間の相違をいかに調整するかという本来は制度的に対処すべき問題が、当面は政党間の提携によって解かれることも意味していた。

もう一つの理由は、この時期から政策的な対立軸が変わりはじめたことである。一九八九年にベルリンの壁が崩壊し、東ヨーロッパ諸国は次々と共産圏から離脱した。ソヴィエトは既に八五年にミハエル・ゴルバチョフが政権に就いて以来、改革を進めていたが、その終着点は共産党支配の終焉と連邦の解体であった。冷戦は終わったのである。その一方で、米ソ対立の制約がなくなった世界の各地では、地域覇権を目指す諸国の冒険的行動や民族対立、宗教対立の深刻化が目立つようになった。九〇年にイラクが隣国のクウェートに侵入して勃発した湾岸危機は、その代表例であった。日本の政治も従来の東西対立を前提とした外交・安保政策では国際社会の動きに対応できなくなり、国際経済におけるプレゼンスの増大も考慮に入れて、吉田路線に変わる新しい政策路線を模索する必要が生まれた。九二年に国連平和維持活動(PKO)協力法が、自公民三党によって成立したのは、この課題に対する最初の答えであった。

自民党の分裂と非自民政権

国際政治経済における日本の地位の変化と冷戦の終焉が、戦後日本政治を基本的に規定していた吉田路線の見直しを導いたことは確かである。しかし、そのことは事態が直線的に推移したことを意味するわけではない。自民党内部には、PKO法の成立に際しては公明党と民社党の協力が得られたものの、それは継続の保証がない不安定なものであり、また社会党が現実的な政策を唱えなくても一定の議席が確保できることが政策過程の大きな障害になっている、という考え方が存在した。また、政治腐敗の大きな原因が、政党ではなく候補者個人が選挙運動の単位にならざるを得ない中選挙区制にあるという考え方も存在した。このような見解を持つ最も有力な政治家が、海部政権期に自民党幹事長を務めていた小沢一郎であった。その一方で野党は政治腐敗の防止と定数不均衡の是正を強く主張し、それぞれ異なった理由と目標から、選挙制度改革に取り組みはじめる[★14]。

選挙制度改革は、政党と政治家の死命を制するという意味で、最も難しい政策課題の一つである。改革の過程において、自民党が主に小選挙区制を推進し、野党が比例代表制を柱に据えようとしたのは、いずれも自らの提唱する理念に適合的な範囲で勢力を最大化できる選択肢だからであった。しかし、個々の政治家の観点からは、小選挙区制や比例代表制が最も合理的であるとは限らず、そもそも改革を行わないのが望ましいと考えている議員も多数存在した。こうして複雑な利害が錯綜する中で、次第に自民党内部の亀裂が深刻化する。比例代表制を一部取り込んで野党との妥協を図ってでも小選挙区中心の選挙制度にすべきだと考える一部の議員と、中選挙区制の維持という結果になっても構わないと考える議員間の対立であった。海部の後を受けて一九九一年から首相を務めていた宮澤喜一は、後者の立場であった。

前者の立場を取る議員は、選挙制度改革を事実上断念した宮澤内閣の不信任案に賛成し、さらに自民党から離党して、小沢一郎と羽田《はた》孜《つとむ》に率いられた新生党と、武村正義に率いられた新党さきがけを結成した。この時点で自民党は衆議院でも過半数の勢力を割り込んだ。内閣不信任案の可決を受けた宮澤は衆議院の解散を選び、一九九三年七月に総選挙が行われた。結果は、定数五一一に対して自民党二二三議席、社会党七〇議席、新生党五五議席、日本新党三五議席などで、自民党の議席数は解散時とほぼ同じであったが、依然として過半数には至らなかった。連立形成のキャスティング・ヴォートを有していたのは、細川護熙《ほそかわもりひろ》によって前年結成された日本新党と、新党さきがけであった。近い将来の合流を考えていた両党は、足並みを揃えて自民党以外の諸政党と連立を組むことを決定し、ここに細川を首班とする非自民連立政権が発足した。自民党は結党三八年にして、初めて政権を失った。「五五年体制」の特徴を、単一の保守政党たる自民党の政権独占に求めるならば、それは九三年をもって終わったというべきであろう。

しかし、選挙制度の論理という意味では、一九九三年の自民党分裂は中選挙区制の帰結だったともいえる。

既に何度か指摘したように、中選挙区制は小政党の存在を許容する選挙制度であり、過半数の議席を継続的に獲得するような大政党は恒常的な連立を政党内で行う形でしか成り立たず、大政党の所属議員には離党の可能性が常に潜在している。自民党の場合、総裁選挙による派閥間政権交代によって、恒常的な連立を構成する諸集団のバランスをうまく保ってきた。それは常に党内対立の激化や分裂の危険性と紙一重だったが、自民党の活力の源泉でもあった。しかし、八〇年代以降は次第に派閥間競争が衰退すると同時に、田中派–竹下派が巨大化して他派閥を圧倒するようになり、恒常的連立であることを忘れたような党運営に近づいていた。派閥間の競争によって党内が活性化するという柔構造を失ったとき、党内対立が分裂へとつながったのは自然なことだったのかもしれない。

二大政党化への道

細川政権は有権者に清新な印象を与え、それまでの歴代政権の中で最も高い支持率を獲得してスタートした。そして、新生党を中心とする保守系政党と与党第一党である社会党の間の政策的不一致に苦しみながらも、小選挙区比例代表並立制の導入を柱とした選挙制度改革と、コメ市場の開放(外国産米の事実上の輸入解禁)を中心とした農産物の輸入自由化を行った。しかし、細川が与党内対立と彼自身の金銭スキャンダル騒ぎに嫌気がさして辞職すると、続く羽田政権は社会党と保守・中道諸政党の対立から社会党と新党さきがけが与党から離脱して短命に終わり、非自民連立政権は約一年で幕を降ろした。細川にせよ、羽田にせよ、有権者へのアピールという点で従来にない資質を持った政治家だったと思われるが、権力に対する淡泊さという点でも先駆的であったかもしれない。有権者はこの頃から、強いが淡泊なリーダーを好む傾向を強めたように思われる。そして、この非自民連立政権が短命に終わったことは、自民党以外の政治家の多数から、政策立案や政権運営に携わる能力を育成する機会を奪った。

その後、政権は自民党を中心とした連立の時代に入る。一九九四年から九六年までは社会党委員長だった村山富市が首相となったが、彼に続いた橋本龍太郎、小渕恵三、森喜朗、小泉純一郎、安倍晋三、福田康夫、そして麻生太郎と、二〇〇九年まで再び自民党総裁が連続して首相に就いた。ただし、橋本政権と小渕政権のそれぞれ一時期を除いては、いずれも連立政権であった。とくに、小渕政権期に公明党が連立に加わって以来、自民党と公明党の提携は政権形成の中核を担い続けた。自民党は、新しい選挙制度の下で初めて行われた九六年の総選挙の後で入党した議員により、衆議院での単独過半数を回復した。しかし、参議院では依然として過半数を割り込んだ議席数にとどまっており、衆参両院間の相違を調整する制度的な方法は確立されなかったため、法案を成立させるために他党とのアドホックな提携か連立政権が必要である状況には変化がなかったのである。

参議院における単独過半数政党の不在と、衆議院における選挙制度改革の影響は、自民党以外の政党にも及んだ。公明党がかつての社公民路線の延長にあった非自民・非共産結集から自民党との連立に転じたのは、一九七〇年代末から徐々に築いてきた提携の結果であると同時に、衆議院では第三党以下の政党が勢力を保つことは容易ではなく、参議院での勢力分布から考えると、連立に加わった方が政策実現の近道となるという判断からであった。非自民諸政党を結集して大政党を結成する試みも、繰り返し行われた。九四年四月には当時の連立与党による院内会派「改新」が作られたが、逆に社会党や新党さきがけの反発を招き、連立崩壊の引き金となった。同年一二月には、「改新」に加わった諸党派が単一の政党として新進党を結成した。新進党は一九九六年の総選挙において一五六議席を獲得したが、党内での路線対立や人的対立の激化の末に、九八年に解党するに至った。その後、社会民主党(九六年に社会党から改称)に所属していた仙谷由人、新党さきがけに所属していた菅直人や鳩山由紀夫、日本新党に所属していた前原誠司といった議員たちが九六年に結成した民主党に、解党後の新進党とその後継政党から岡田克也など一部議員が合流して、今日に至る民主党の基礎が形成された。

民主党は、一九九八年の参議院選挙から野党第一党としての議席を獲得するようになり、とくに衆議院では自民党とあわせてみた場合の議席占有率を一貫して上昇させ続けた。衆議院に新しい選挙制度が導入されてから約一五年が経ち、誰の目にも小選挙区中心の制度の下で二大政党化が進展していることが明らかになった。衆参ともに比例代表制が部分的に採用されていることと、参議院においては大都市圏の都道府県で改選定数が二以上の中選挙区となっているところがあることから、なお第三党以下の小政党にも存続の余地はある。しかし、公明党のように連立パートナーである自民党と事実上一体化した選挙運動を行わない限り、第三党以下の諸政党はいずれも党勢を衰退させていくことになった。

内閣機能の強化

官僚が強い身分保障を受けながら、その仕事を適切に進められていない、予算の使途に無駄が多い、組織をいたずらに肥大化させる傾向にある、あるいは民間部門を圧迫している、といった批判は常に存在していた。さかのぼれば、戦後改革においても官僚制は「温存と強化」(辻 一九五八)され、天皇の奉仕者としての意識を保ったまま、民主主義国家にふさわしい行動をとっていないという批判もあった。しかし、同時に霞が関の高級官僚は清廉であり、国益のために活動しているという評価も決して弱いものではなかった。不祥事が起こらなかったわけではなかったが、政治家や民間部門に比べれば相対的に問題は小さいという認識は、国民に広く共有されていたように思われる。先に挙げたジョンソンやヴォーゲルら海外の研究も、邦訳やマスメディアでの紹介によって、そのような認識を支える効果を持っていただろう。
だが、こうした評価は一九八〇年代以降変化し、官僚制が国益にかなう存在かどうかは、次第に疑問にさらされるようになった。直接的には官僚の不祥事などが明るみに出るようになったことが大きな理由だが、より重要な背景的要因として新自由主義の台頭があった。新自由主義はしばしば市場原理主義などと揶揄《やゆ》されるが、その本質は公共部門に対する民間部門の、エリートに対する非エリートの優位と自由な活動を重視するところにある(八代 二〇一一)。日本に当てはめていえば、官僚を中心とした公共部門が民間部門を適宜リードしながら経済成長を実現するという官民関係に代わり、民間部門の創意工夫を最大限活かして経済を成長させること、公共部門においても有権者の統制が及びやすい政治家により多くの責任を担わせることが期待されるようになった。また恐らくは、一九九三年の政権交代により、自民党と官僚との距離感が変化したことも影響しているだろう(真渕 一九九七)。

新自由主義に基づく行政部門の改革は、一九八一年からの第二臨調を基盤とする諸改革がその代表格だが、橋本政権期の大規模な行政改革、すなわち橋本行革もそれに匹敵する。橋本行革は、九六年に開始された行政改革会議に依拠して進められた。行政改革会議は、首相である橋本龍太郎が自ら会長に就任し、総務庁長官・行政改革担当大臣である武藤嘉文を会長代理として充て、さらに事務局長には首相補佐官で元総務庁長官である水野清を起用するなど、最終報告の実現性と改革としての積極性を両立させるために最大限の努力が払われた。その帰結が、九八年六月に成立した中央省庁等改革基本法であった。

内閣機能強化は、行政改革会議の最終報告および中央省庁等改革基本法の柱の一つであった。最終報告は「自由かつ公正な社会を形成するにふさわしい二一世紀型行政システム」を形成することを謳い、その具体的な方策として、「総合性、戦略性の確保」「機動性の重視」「透明性の確保」「効率性、簡素性の追求」を挙げた[★15]。そして、政策の企画・立案の総合性と戦略性を確保するために「官邸・内閣機能の思い切った強化」が必要であるとされた。そこでの内閣機能強化の実質は「内閣なかんずく内閣総理大臣の主導による国政運営」であり、特命担当大臣の設置、内閣官房の機能拡充と内閣府の設置、経済財政諮問会議や総合科学技術会議といったマクロ・レヴェルでの政策立案に関与する合議体の設置、さらには新官邸の建設による物理的能力の増大などが盛り込まれていた。

その成果を強く印象づけたのは、小泉政権である。小泉純一郎は、自民党内においても、長く所属した福田派―安倍派―森派においても、一匹狼的な存在であった。森喜朗が支持率低迷の末に首相辞任を表明した直後の二〇〇一年、自民党総裁選挙で小泉が圧勝したのは、自民党政治にも派閥政治にも肌合いが悪いという彼の雰囲気を、多くの党員が好感したからであった。しかしそうであるがゆえに、首相になった小泉は伝統的な自民党政権の権力基盤や手法に頼ることができず、強化された内閣機能に依拠することとなった。もっとも典型的な例が経済財政諮問会議の活用である。経済学者の竹中平蔵を特命担当大臣に任用し、竹中と気脈を通じる政治家以外のメンバーによって、経済財政諮問会議は小泉政権の政策立案に大きな影響を与え続けた。その後の各政権でも、「官邸主導」や「政治主導」といったフレーズはほぼ常に好ましい意味合いで用いられるが、そこでは暗黙のうちに小泉政権が成功例として認識されているのである。

政党組織と国会の変容

選挙制度改革による各党内部における候補者公認や組織運営の仕組み、さらには政治資金の流れについては、改革直後の観察からは中選挙区制時代と大きな変化がないという分析が多かった（佐々木・吉田・谷口・山本 一九九九、谷口 二〇〇四、Krauss and Pekkanen 2004）。しかし、選挙における政党の意味が根本的に変わりつつある以上、これも長期的には少しずつ変容していかざるをえない。とりわけ自民党内部における派閥の形骸化や政調部会と総務会を通じた法案の事前審査制の崩壊は、二〇〇一年の小泉政権発足以降目立つようになり、二〇〇五年の郵政民営化をめぐる党内対立の過程で如実に示されるに至った。自民党はかつてのような複数の派閥が恒常的な連立を組んで成り立っている政党ではなく、党首である総裁や幹事長を中心とした執行部が主導し、上からの規律によって一体性を保つ政党に変化したのである[★16]。

その一方で、新しい選挙制度の下で橋本と小泉を除く自民党総裁がいずれも二年以内に退任しているこという事実からは、規律による一体性確保に必要なリーダーシップを総裁が行使できていないこと、さらには積極的なリーダーシップ行使に必要な資質を持った人材を十分に育成できていないことも、また明らかである。同じことは民主党にもいえる。民主党の場合、二〇〇三年九月に小沢一郎が党首を務めていた自由党と合併し、その後、小沢のイニシアティヴによって選挙を重視した党運営に変化した。民主党に中選挙区制での当選経験を持つ議員が少ないことは、規律による一体性の確立に有利に作用している可能性が高い(Sasada, Fujimura and Machidori 2010)。しかし、幹部たちは民主党結党時からのメンバーであるため小沢とは相互牽制関係にあったこと、また小沢の選挙重視自体が中選挙区制時代のスタイルに近いものであったことから、政党としての理念や基本政策によるまとまり(凝集性)は不十分なままである。その意味では、現代日本の政党組織はなお新しい選挙制度への適応の途上にあるというべきなのであろう。

一九八九年以降、衆議院の第一党が参議院では過半数の議席を確保できない状況が続き、九三年からほぼ一貫して連立政権になったことは、かつて自民党政権の安定とともに与党内審査へと移った政策決定の中心を、国会に回帰させたのであろうか。現時点までの観察から判断する限り、国会が政策決定に大きな役割を果たすようになったとはいえないだろう。連立政権を組む場合も、連立協定によって主要政策合意を事前に形成した上で、政権発足後には与党間協議によって国会提出前に法案内容と党議を確定させるのが通例であって、国会は依然として野党が活躍する場という位置づけである。

だが、二〇〇七年には自民党と公明党の連立政権が、二〇一〇年には民主党と国民新党の連立政権が、それぞれ参議院で過半数を失い、与野党逆転が生じることとなった。衆議院と参議院の権限がほぼ対等な現在の両院間関係を前提にする限り、この「ねじれ国会」においては、与党内での調整のみによって法案を成立させることはほぼ困難である。そのため、法案提出後に与野党間での協議を行い、場合によっては柔軟に修正を認める必要がある（大山 二〇一一）。しかし実際には、与党は法案の修正に積極的ではなく、野党は協議よりも倒閣を目指す傾向が強い。国会のあり方と政党政治のあり方には、乖離が目立っている。

政権交代の時代へ

二〇〇九年八月の衆議院選挙では、民主党が三〇八議席を獲得して第一党となり、結党から一四年目にして初めて政権を獲得した。自民党は一一九議席、公明党は二一議席で、旧与党全体でも民主党の半分にも及ばない勢力にとどまった。ここに、一九五四年に自由党の吉田茂政権が総辞職して民主党の鳩山一郎政権が発足したとき以来、実に五五年ぶりの与野党の完全な入れ替えを伴う政権交代が生じた[★17]。翌九月に首班指名を受けた鳩山由紀夫は、民主党結党時からの幹部であると同時に、奇しくも五五年前に首相となった鳩山一郎の孫であった。民主党は既に二〇〇七年に参議院では第一党になっていたが、過半数の議席は得ていなかった。そのため、社民党および国民新党との連立によって政権を発足させた。

しかし、大きな期待とともに迎えられた民主党政権は挫折の連続となった。鳩山政権は、アメリカ軍が沖縄に置く普天間基地の移転問題への対応などで混乱し、政権公約（マニフェスト）において提示した諸点についても十分な成果を挙げることができないまま、就任一年にも満たない二〇一〇年六月に総辞職した。続く菅直人の政権も、発足直後の二〇一〇年参議院選挙で与党議席が過半数に達さず「ねじれ国会」になってしまったことや、党内対立が続いたことによって次第に失速した。追い打ちをかけるように、二〇一一年三月一一日に東日本大震災が発生し、それが直接の原因となって東京電力福島第一原子力発電所が大きな事故を引き起こした。菅政権の震災や原発事故への対応への批判は強まり、同年九月には総辞職に至った。野田佳彦が後継首相となり、消費税増税を含む財政改革に取り組んでいるが、参議院で与党が過半数を確保できておらず、かつ党内対立が続く状況は菅政権と変わっておらず、苦闘が続いている。

このように、選挙結果の大きな変動と短命政権の連続が、現代日本政治の特徴となっている。二〇〇五年の衆議院選挙では、郵政民営化法案を参議院で否決されたことから、改めて国民の信を問うとした小泉純一郎が、自民党と公明党にあわせて三〇〇議席以上をもたらしていた。二〇〇九年には、その裏返しのような構図となって、民主党が圧勝した。経済や社会の動向にかつてのような安定した見通しが得られない中で、有権者が政権党や現職に厳しい態度をとるのは、近年世界的に見られる現象でもある。政治報道が質的にも量的にも大きな変化を遂げ、あらゆる決定が密室や舞台裏ではできなくなったことも、政治に対する醜悪なイメージを増幅し、有権者の批判を強める方向に作用している。

その一方で、現代日本政治が混乱のみによって特徴づけられていると見るのも、また妥当だとは思われない。政界再編の噂は絶えないのに、選挙に惨敗したからといって、一九九〇年代のような激しい政党の離合集散は生じていない。自民党であれ民主党であれ、敗北後には必ず党内で執行部の責任を追及する動きが生じるが、そこから離党して小政党を作ることは、とくに小選挙区制中心の選挙制度を前提にしている衆議院議員には極めて難しい選択なのである[★18]。二大政党間の政権交代や安定的な首相リーダーシップを中心とする、新しい秩序が確立されたとまではいえない。しかし、環境要因や制度要因に影響を受けながら、従来とは異なった政党政治や首相政治が生まれようとしている過渡期に、日本政治はあるといえるだろう。

本節の後半で扱った、内閣機能強化による「官邸主導」の仕組み、選挙制度改革の影響を受けた政党組織と政党間競争のメカニズムは、いずれも一九九〇年代に行われた大規模な改革を背景にもつ。そこに共通して存在する特徴を、本章で概観してきた戦後日本政治の流れに即して見るならば、憲法が定める議院内閣制から導かれる論理に、選挙や議会など政治制度の他の諸側面を適合させ、それによって首相、政党、有権者といった政治アクターの行動と政策選択を変化させる試みだと考えることができる。かつて中曾根が提起した「戦後政治の総決算」とは、戦後の日本政治にとっての与件を変化させることを意味していた。そのうち、国際関係や社会経済関係といった環境要因は、冷戦の終結と新自由主義の台頭によって大きな変貌を遂げ、それに伴って政策の選択肢も異なるものになった。しかし、制度要因についてはなお変化が完全には終わっておらず、その下でのアクターの行動も変化の途上である。そのことは、新しい選択肢からいかなる政策を実際に選ぶかにも影響を与えるであろう。

以後、第Ⅱ部の各章では、本章で提示した戦後政治に関する理解と現状認識に沿って、首相と政党、国会の関係に注目しながら、過渡期にある現代日本政治の相貌を、できるだけ統一的な視点で理解する作業に取り組むことにしよう。

註

＊本章の祖型となったのは待鳥（二〇〇五）だが、全面的な加筆修正が行われている。

★1――本書では、立憲政治は狭義の憲法典だけではなく、関連した諸制度ないしは憲法附属法を含む「憲法体制」に従って行われるものと捉えている。この「憲法体制」とは、一部の論者が使用する「国制」とほぼ互換的な概念である。このような理解については、大石（二〇〇八）、瀧井（二〇〇三）を参照。また、政治文化を含むより広い「国制」概念を提示する見解として、島田（二〇一一）がある。

★2――この点に関連して、政党内閣が登場した論理構造を分析した村井（二〇〇五）を参照。また、明治憲法体制下の内閣の存立基盤を計量分析により検討した研究として、福元・村井（二〇一一）がある。

★3――直接引用している議会制度審議会答申は、川人（二〇〇五）による。

★4――保守合同の過程、さらに結党直後の自民党における総裁公選の意味については、小宮（二〇一〇）を参照。

★5――五五年体制が社会党を中心とした革新勢力の政権参画を拒否するものであったことを指摘する研究として、的場（二〇一二）。

★6――日米安全保障条約改定の経過とその意義については、坂元（二〇〇〇）を参照。

★7――ここでいう「勝利」とは、政権の獲得ないしその継続を指す。

★8――ただし、所得倍増論の原型である賃金倍増論は、中山伊知郎・一橋大学教授によって一九五九年に提唱されたもので、池田はすぐに注目して自らの政策に取り込んでいた。北岡（二〇〇八）を参照。

★9――猪木（二〇〇〇）はこの時代の相貌を余すところなく描き出している。本段落の叙述も、同書に多くを負っている。また、青木（二〇〇一）は高度経済成長期前半の郊外団地における生活誌として興味深い。

★10――以下の本書において、「一般議員」はrank-and-file membersの訳語で、閣僚になっておらず、党執行部にも属していない議員のことを指す。

★11――地方議会の選挙制度は、都道府県と政令指定都市が大選挙区制・中選挙区制と小選挙区制の混合、市町村が大選挙区制なので、獲得議席の変動幅は小さい。そのことも首長選挙での政党間協力にプラスの影響を与えた可能性はあるが、議会選挙での政党間協力には直接の誘因がないことを意味しており、当選した革新系の首長たちはほぼ例外なく少数与党（分割政府）の状態に置かれることになった。

★12——斉藤（二〇一一）は「逆説明責任」という観点から、農村部での集票に重点を置いて自民党の長期政権を分析する。しかし、石油危機以降の自民党はむしろ都市部での支持調達に関心の中心を移しており、政策面でも徐々に農村部を重視しなくなっていったように思われる。斉藤の研究は、農村部における自民党の支持調達メカニズムの分析として貴重であり、石油危機以前の日本政治の特質を明らかにしているが、とくに一九八〇年代以降については自民党の包括的な分析とは言いがたい。

★13——消費税導入の政策過程については、加藤（一九九七）、渡部（二〇〇〇）、奈良岡（二〇一一）参照。

★14——選挙制度改革の過程については、佐々木（一九九九）が最も包括的な分析である。また、一九九〇年代の日本政治に関する貴重な包括的証言として、御厨・渡邉（二〇〇二）による石原信雄・元内閣官房副長官のインタヴュー記録がある。

★15——行政改革会議最終報告の全文は、二〇一二年四月一二日現在、以下のURLに収められており、参照することができる。http://www.kantei.go.jp/jp/gyokaku/report-final/

★16——なお、政党における規律と一体性、凝集性の関係については、高安（二〇一一a）や建林・曽我・待鳥（二〇〇八）参照。

★17——一九九三年の政権交代は、自民党から離党して議員が作った政党である新生党と新党さきがけが与党になった。両党とも結党は衆議院解散後だったため、所属議員の一部は、宮澤喜一が首相として六月一八日行った衆議院解散時点でも、細川護熙が首班指名された八月九日時点でも、与党に属していたことになる。

★18——事実、二〇〇九年衆議院選挙で大きく議席を減らした後にも、自民党から離党した議員の多くは参議院議員であった。二〇一一年末に与党である民主党の衆議院議員九人が集団で離党したが、与党衆議院議員の集団離党は、郵政民営化法案に反対して二〇〇五年総選挙直後に離党勧告を受けた一二人以来であり、全体的に見れば小選挙区比例代表並立制導入後にはほとんど起こっていない。選挙制度改革と衆議院議員の離党行動の関係については、山本（二〇一〇）参照。

第Ⅱ部

首相政治はいかに展開しているか

第二章 新しい権力基盤の形成

1 課題の設定

日本の首相政治の特質を明らかにしようとする本書にとって、一九九〇年代に行われた選挙制度改革と内閣機能強化によって首相の権力基盤やその行使の態様が質的に変容したのかどうか、という問いは大きな意味を持つ。第Ⅱ部は、近年の首相に関する事例やデータを検討することで、この問いに答えようとする各章からなる。言い換えるならば、日本政治は制度変革によって権力を積極的に行使しようとする首相を安定的に得ることになったのか、というのが第Ⅱ部を貫く問いである。

首相が積極的に権力を行使する議院内閣制のあり方はイギリス政治がモデルであり、二大政党制への期待などとともに戦前から一貫して日本政治に存在する理想像の一つであった（奈良岡 二〇〇六）。実際にも、戦後日本政治には強力なリーダーシップを発揮して自らが望ましいと考える政策を展開した首相が何人か登場した。そのうち、前後に在任期間が一年から二年という短命政権が連続する中で、一九八二年から八七年まで首相を務めた中曾根康弘、二〇〇一年から〇六年まで在任した小泉純一郎は、最も注目すべき存在である。

日本政治の常態は「弱い首相」であって、彼らについては例外と見なす傾向が一般には強いが、なぜそのように考えることができるのか、本当に例外としてよいのかどうかは、実は十分に検討されていない。

強い存在感を持った首相の登場は、議院内閣制諸国にとって自明のことではない。むしろ、閣僚や与党執行部との合議によって政策決定を行う議院内閣制の場合、首相自身の存在感が希薄であっても大きな問題は生じないと考えることもできる。しかし今日においては、多くの議院内閣制諸国で首相の存在感は強まっている。この点について近年の比較政治学では、首相が大統領のような特徴を備えるようになったとの指摘が行われている。「議院内閣制の大統領制化」論である。

ほとんどの場合、この議論は、有権者と直結したリーダーシップ・スタイルを首相が採用していることなど、大統領制の特質と考えられてきた要素を一部の議院内閣制も有するようになった点を根拠とする。また規範的には、一部の首相公選論に見られるように、議院内閣制の強化策として大統領制の構成要素を取り入れるべきだという主張が、類似した論理構成からなされることもある[★1]。これらの見解の背景にあるのは、現象としても制度理念としても、議院内閣制と大統領制の違いが以前ほど明確ではなくなっている、という認識である。

大統領的首相論の具体的な内容と意義については後ほど検討するが、本書にとって大きな意味を持つのは、近年の日本政治論において中曽根と小泉が大統領的首相だとされていることである[★2]。もしそうであれば、中曽根と小泉は同列に論じることが可能であり、かつ両者はともに戦後日本政治における例外的存在と見なしうることになるだろう。逆に、一九九〇年代の制度改革後に強い存在感を示した首相であった小泉について、リーダーシップ・スタイルに還元しえない要素を持っていることが明らかになれば、日本の議院内閣制が質的な変化を近年に至って経験したこと、そしてその変化の基盤が制度変革にあったことが示唆されるのではないだろうか。

本章では、議院内閣制における首相についての原理的な考察をまず行い、その後、大統領的首相という概念が首相政治の分析にとっていかなる意義を持つのかについて理論的な検討を加えた上で、中曾根と小泉を大統領的首相と見なしてよいのかどうか論じることにしたい。それは、先ほど述べた文脈で言えば、中曾根や小泉が本当に例外なのかどうかを明らかにする作業と重なり合うはずである。

2 大統領的首相論とは何か

議院内閣制における首相

首相の原理的な役割をどのように捉えるかについては、議院内閣制の基本的な仕組みと首相職の歴史的な展開を概観する作業から得られる理解が少なくない。まずは理論から考えていくことにしよう。

一般に議院内閣制の下では、議会内に形成された多数派が与党として一体的に内閣を支え、内閣は官僚を使って政策の立案や実施を行うことが想定されている(Strøm 2003; Samuels and Shugart 2010; 砂原 二〇一一)。与党は内閣に対して、内閣は官僚に対して、本来自らが担うべき業務の一部ないし全部を任せているという意味で、与党・内閣・官僚の間には直線的で単線的な委任関係が存在するということもできる。なお、現代の議院内閣制には、与党と内閣の一体性を高めるため、与党執行部も実質的に閣僚と同じかそれ以上の影響力を持ち、与党執行部と閣僚の双方が首相を支える構造が存在する。そのため、内閣と与党執行部をあわせて、執政中枢部(core executive:コア・エグゼクティヴ)と呼ぶことも多い。いずれにしても、とりわけ大統領制と比

図2-1　議院内閣制における委任関係

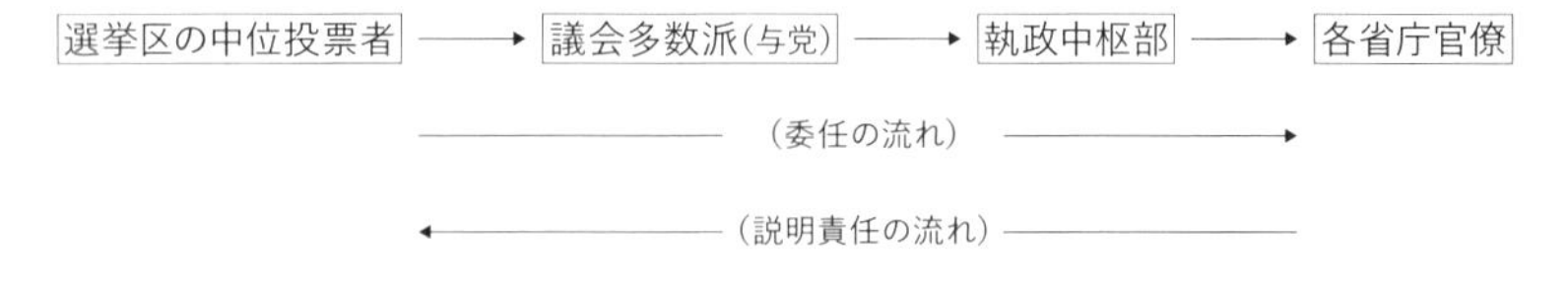

出典：Strøm (2003: figure 3-1) より筆者が一部修正して作成。

較した場合に、委任関係が直線的かつ単純であることが議院内閣制の大きな特徴である(高安 二〇一一b)。それを示したのが図2-1である。

歴史的に見ても、議院内閣制の発展とは、内閣が国王を排除して行政運営の実質的権限を独占することと、議会多数派のみと信任関係を形成することという二つの要素が成立することを意味していた。イギリスを典型例としてその歴史的な淵源をたどれば、一八世紀半ばまでの内閣とは、国王により貴族の中から個人的に選任されて行政運営に関与する人々であった。そこでの首相は、内閣構成メンバー、すなわち閣僚の中の第一人者であったが、徐々に他の閣僚に対する指導的地位を確立する。また、一七一四年に成立したハノーヴァー朝が議会立法である王位継承法(一七〇一年)を重大な存在根拠にしていたことや、国王が政務に熱心であるかどうかには個人差があったことも手伝って、閣僚選任には議会の意向が無視できなくなっていった(的場 一九九八)。

さらに、一七四二年に首相ロバート・ウォルポールが総選挙での敗北を機に、引き続き在任を望んだ国王ジョージ二世の意向に背く形で辞任した。これにより、首相の地位を維持する上では国王よりも下院多数派の信任が優越することが示され、内閣の成立と存続には下院に基盤を持つことが必要だと考えられるようになった。もっとも、一九世紀半ばに至るまで、君主の自律的判断による任命と主要政党が議会に基盤を持つことは併存していた。下院多数党となった政党の党首が、ほぼ自動的に君主から首相に任命されるように変化したのは、一九世紀末頃のことである。

その過程で、首相のみならず閣僚も議員から選任されるという憲法的慣行が確立し、政治家集団である内閣が専門知識を持った官僚を使う存在となった。また、内閣が責任を負うべき対象も、実質的に君主から議会および有権者へと移行したのである[★3]。

大統領的首相の出現

議院内閣制の本質は、議会多数派の信任によって首相の地位が確保され内閣が成り立っていること、および官僚を使って政策を展開するところにある。大統領的首相とは、これら二つの特徴について新たな方向性を追求しようとする存在である。具体的には、議会多数派との関係よりもマスメディアや一般有権者との直接的な結びつきを重視すること、そして、首相との個人的結びつきによって政治任用されたスタッフを官僚よりも重用して政策展開を図ることが、大統領的首相の大きな特徴となる。

まず、それぞれの特徴について先行研究が明らかにしている事柄を整理しておこう。

首相とマスメディアや一般有権者との直接的な結びつきについては、「パフォーマンス政治」や「ポピュリズム」といった言葉で、近年しばしば指摘されている。イギリスでは、一九七九年に登場したマーガレット・サッチャー以来、首相が与党や議会の「外側から(from the outside)」政治指導を行おうとする傾向が顕著になったとされる(Foley 2000)。元来、保守党の異端的政治家であったサッチャーの場合は、もっぱらコンセンサスを重視する伝統的な党内主流派に挑戦するための政治手法という傾向が強かった(Pym 1984; Smith 1995; 岡山・戸澤 二〇〇一)。一九九七年、一八年ぶりに保守党から政権を奪還して首相となった労働党のトニー・ブレアは、外側からの政治指導をより包括的な戦略として用いた。すなわち、衛星放送やケーブルテレビの急速な発展を背景に、テレビを中心とするマスメディアを使った有権者への政策提示を明確な意図の下に行ったのである。そのために、広報組織の拡充および首相官邸との直結化も積極的に進められた（阪野 二〇〇五、山口 二〇〇五）。

情報通信技術が高度に進展した今日、程度の差こそあれ、同様の傾向は他の議院内閣制諸国にも見出すことができる。日本でも最近の首相はおしなべて、メールマガジンやツイッターといったインターネットでの情報発信を行うほか、マスメディア向けの「ぶらさがり会見」（首相官邸内などにおいて立ち話形式で行う記者との短い会見）にも臨んでいる。しかし、メディアを積極的に利用する大統領的首相という意味で、イギリスと双璧をなす例として挙げられるのはイタリアである。

イタリアでは、一九九三年に市長公選制が導入され、所属政党名より候補者個人の知名度や魅力が重視される選挙を経験した。国政レヴェルでは、同年から小選挙区制中心の選挙制度が導入され、選挙が首相候補者の争いという性格を帯びるようになった（芦田 二〇〇六）。これらの制度改革によって、首相を目指す大政党の有力政治家は、一般有権者に個人的資質をアピールする傾向が強まったという。そこにシルヴィオ・ベルルスコーニが登場した。彼は、放送事業の経営者としてメディア王と呼ばれた経歴の持ち主であり、マスメディアの特徴を知り尽くした強烈な個性であった。ベルルスコーニが新政党フォルツァ・イタリアを率いて首相になることによって、首相と一般有権者の距離感は従来よりもはるかに縮まった（Calice 2005）。

大統領的首相のもう一つの特徴である、試験や資格によらない官僚の登用（政治任用）の積極的な利用についても、イギリスが例に挙げられることが多い。伝統的に与党議員と官僚の分業と協調によって行政省庁の運営が図られてきたイギリスでは、サッチャー政権期以降、官僚制内部からの政治的抜擢人事が増加した（稲継 一九九六）。二〇〇〇年代に入ると、日本の中央省庁でいえば局長級から課長級に当たるポストの過半数が国家公務員出身者以外から登用され、四割以上が任期付きになっている（村松 二〇〇八、第三章）。首相官邸の政治任用職である「特別顧問」も一九六〇年代から徐々に整備されていたが、ブレア政権下でほぼ倍増し、政治的影響力も大きくなったとされる。たとえば、イラク戦争への関与などブレア政権期の重要な対外政策決定では、外務省よりも首相官邸の役割が大きかったという（細谷 二〇〇九、一八七～一八八頁）。

政治の大統領制化

主としてヨーロッパ諸国における展開を踏まえて、大統領的首相論をこれまでのところ最も包括的に展開しているのが、ドイツの政治学者トマス・ポグントゥケと、イギリスの政治学者ポール・ウェブである（Poguntke and Webb 2005）。彼らは、公式な制度構造の変化がないまま、その運用が大統領制化（presidentialization）しているというのは、現代政治から受ける避けがたい印象であると主張する。そして、議院内閣制における政治の大統領制化とは、首相リーダーシップの強まり、政治指導者としての首相の自律性の強まり、および首相候補者である大政党の党首が選挙戦の中心になる現象、という三つの側面から成るという。また、行政学者の原田久（二〇〇八）は、ポグントゥケとウェブの見解を受け継ぎながら、「議院内閣制を採用する国において、議会・与党との関係における首相の自律性と行政官僚制組織に対する首相の権力リソースの双方が強化された場合」に政治が大統領制化すると定義する。原田は、ポグントゥケとウェブが提起した三つの側面のうち、前者二つを一つにまとめた定義を行っていると考えられる。大統領的首相論や政治の大統領制化の内実に細部まで立ち入るには、三つに区分した方が理解しやすいと思われるので、ポグントゥケらの三つの要素に立ち戻って、彼らの見解をやや詳しく見ておこう（Poguntke and Webb 2005: 5）。

まず、首相リーダーシップの強まりとは、首相による閣僚や省庁幹部の任免が与党や議会の意向によって制約されにくくなることを意味する。閣僚の任免は首相の専権事項だと思われがちだが、たとえば戦後日本の自民党政権では、派閥の推薦リストに基づいて多くの閣僚を登用するという慣行が続いた時期があった。同じ閣僚であっても、首相の抜擢と派閥の推薦では、どちらが首相にとって使いやすい存在であるかは明らかであろう。行政と政治の接点である各省庁の幹部職員や、首相の秘書官と補佐官の登用については、それを政治任用職として運用するか、あるいは官僚が内部昇進によって就く高位ポストとして運用するかといった差異が存在する。政治任用ポストが増え、それらの利用が首相の専権事項となるほど、首相は官僚に対しても睨みをきかせやすくなる。

次に、政治指導者としての首相の自律性とは、首相が与党の言いなりになるのではなく、党首として与党を積極的にリードしていくことを指している。政治のトップリーダーと与党の関係について、大統領制と議院内閣制は大きく異なった特徴を持つ。大統領制においては基本的に、大統領の行政運営は政権与党によって影響を受けず、議会多数派の議会運営に大統領が影響を及ぼすこともできない。大統領は議会からの自律性を持っているが、与党もまた大統領と距離を置くことになるのである。しかし議院内閣制において、この意味での自律性を語る意味はあまりない。首相が議会多数派である与党の信任によって政権を維持している以上、議会多数派と首相の関係が弱まることはないからである。むしろ、ポグントゥケとウェブは、議案への賛否を含む党内のさまざまな意思決定を中心とした、与党内部の運営に対する党首としての首相の影響力強化を、政治指導者としての自律性という観点から考えようとしているようである。

第三の側面である、党首中心の選挙戦の展開とは、国政選挙がもっぱら主要政党の党首イメージを軸に争われるようになることを意味する。議院内閣制の場合であっても、とくに二大政党制ならば、両党の党首が次期首相候補となり、首相を有権者が直接公選するのに近い状況が生まれる。多党制の場合であっても、事前に連立与党の組み合わせが確定的になっているのであれば、選挙戦はやはり首相候補の選択としての様相を呈する。そして、首相候補である党首に人気がある場合には、その人気を追い風にして当選する議員が与党に多数出現する「コートテイル（coattail）効果」が生じる。

では、以上三つの現象からなる政治の大統領制化をもたらす原因は、いったいどこにあるのだろうか。ポグントゥケとウェブは、国内政治の国際政治化、国家の拡大、マスコミュニケーションの構造変化、および伝統的な社会的クリーヴィジ（cleavage：亀裂）に基づく政治の浸食を指摘する。国内政治の国際政治化とは、国際関係論においてしばしば「逆第二イメージ論」としてなされる議論と共通する視角を持つ［★4］。すなわち、国内政治が国際環境によって大きく規定され、内閣が行う外交上の交渉の結果を、与党や議会は受け入れざるを得ないという解釈である。国家の拡大とは行政国家化や専門性の強化とほぼ同義であり、マスメディアの構造変化とは主として一九六〇年代以降におけるテレビの役割拡大を指す。社会的クリーヴィジによる政治の浸食とは、とくにヨーロッパ諸国で顕著に見られる政治状況を言い、言語や宗教による政党間対立が弱まり、集団ごとの政治的立場の差異が縮小することを示している。

残される疑問

かつてのイギリスを範例とした典型的な議院内閣制とは異なる政治が各国に出現している以上、政治の大統領制化という概念は魅力的であり、ポグントゥケとウェブや原田が試みる大統領的首相論の体系化が貴重であることは間違いない。また、明確な定義が与えられないまま濫用される傾向にあるこの概念に、彼らが一定の判断基準を与えようとする姿勢は評価できる（cf. Helms 2005: 252-259）。

しかし、政治の大統領制化や大統領的首相という概念には、依然としていくつかの疑問が残る。

第一に、政治の大統領制化が生じる因果関係についての議論が不十分だという点である。彼らが原因として挙げる、国内政治の国際政治化、国家の拡大、マスコミュニケーションの構造変化、社会的クリーヴィジに基づく政治の浸食は、いずれも戦後ほぼ一貫して強まってきたものである。それらがなぜ今日に至って、注目すべき現象としての大統領制化を新たに生み出すのかが明確ではない。従来の研究の多くは、たとえば「埋め込まれた自由主義」や「戦後和解」とそれらの変容といった概念を用いながら、彼らの指摘する諸要因が政府部門間や与党内部の権力構造の変化ではなく、主要政党間の勢力関係の変化を導いていることを明らかにしてきた（的場 二〇〇三）。そうした議論との関係が明らかにならないまま、比較的長期にわたって生じる要因から近年とくに顕著になった現象を直接的に説明することが、妥当であるかどうかは疑わしい。にもかかわらず、彼らの枠組みに基づいて行われている各国の実証分析では、取り上げられているのは一九八〇年代以降の現象にほぼ限られている。

ポグントゥケらの注目している現象そのものが、一時的なものであった可能性も否定できない。まず、主要政党の党首の資質や人柄が選挙戦の焦点となる現象は、最近ではやや後退する兆しが見られる。典型例とされたイタリアの場合、二〇〇五年に比例代表制に選挙制度が再度改革されたことは、一九九三年の選挙制度改革が大政党を中心とした政党ブロック間の競争という構図を導いたこととは明らかに逆の方向性を目指すものである。このため、誰が首相になるのかについては有権者に分からないまま選挙が行われ、選挙後には小党分立と短命政権という組み合わせに陥りやすいとも考えられる[★5]。数々のスキャンダルの末にベルルスコーニが失脚し、ユーロ圏の経済危機の中で当面は財政健全化が最大の課題となることあり、首相が一般有権者と直結することで大きな政治的資源を獲得するという展開は考えにくい。

政治任用の拡大についても、過大評価は禁物である。ほとんどの議院内閣制諸国において、政治任用は依然として限られた範囲にとどまっている。たとえばドイツの場合、省庁幹部に関していえば、二〇〇八年二月時点で事務次官に当たるポストに就いている二五人のうち、政党事務局・民間・労働組合出身者は八人にとどまる。局長クラスだと政治任用の比率はさらに低いという（村松 二〇〇八、第四章）。首相や大臣に直属するスタッフについても、ホワイトハウス・スタッフといえば任期付きの政治任用であるアメリカは大統領制の中でも例外的かもしれないが、韓国など他の大統領制諸国と比べても、議院内閣制諸国の政治任用は小規模である。特別顧問を活用しているとされるイギリスでも、その数は首相を除く閣僚（閣内大臣）一人当たり二人までという原則が定められており、ブレア政権二期目においても首相の下には三〇人弱、各大臣の下にいる場合を含めても約八〇人である（北村 二〇〇六、阪野 二〇〇六、村松 二〇〇八）。

ドイツなどで用いられている近似した方法として、公務員試験合格といった資格を持つことで任用されている官僚（資格任用者）を、元の所属省庁から切り離して、首相や大臣の直属スタッフとして使うという場合もある。しかし、これは必ずしも新しい方法ではないし、人数が急増している例が多いわけでもない。デンマークのように、官僚が形成してきた職掌や人事の枠組みが強固で、政治任用はほとんど行われていないとされるケースも存在する（Pedersen and Knudsen 2005）。そもそも、政治任用の拡大にはほとんどの場合に制度改革が必要であり、リーダーシップ・スタイルの問題とはいえないのである。

ここからもう一つの疑問が浮かび上がる。すなわち、ポグントゥケらは政治の大統領制化や大統領的首相の登場を、制度やイデオロギーの変化とは無関係の現象として捉えているが、本当にそう考えて良いのだろうか。彼らは、政治の大統領制化をおおむね社会的要因に還元してしまっている。しかし、首相が従来とは異なるリーダーシップ・スタイルを採用しようとする場合に、それを可能にする制度の存在や、それを用いて実現しようとする政策の方向性をあらかじめ考慮しないことはありえない。自己利益追求の結果か、国益追求の帰結かは別にしても、首相が何らかの政策転換が必要であると考え、そのためにさまざまな制度的手段を用いて、与党や議会、あるいは官僚との間の関係を変化させるという因果関係を想定する方が自然であろう。

さらに、ポグントゥケらの場合には、政治の大統領制化を語りながら大統領制の本質について体系的な検討を行っていない。確かに彼らは、大統領制、半大統領制、議院内閣制それぞれの特徴を述べてはいる。しかし、大統領制の特徴としては、大統領が立法部門に責任を負わないこと、大統領が公選されること、および行政部門の責任が単一の人物によって負われることの三点を挙げるにとどまる(Poguntke and Webb 2005: 2-3)。これらは古典的で教科書的な大統領制と議院内閣制の対比としては間違いではない。とはいえ、ポグントゥケらがヨーロッパ諸国の議院内閣制に焦点を合わせた研究を進めていることを考慮しても、著しく進展した今日の大統領制研究の成果を取り入れているとは言い難い。

結局のところ、大統領的首相論の問題点は定義の不十分さもさることながら、大統領的首相がなぜ登場するのかという因果連関が明瞭でないところに集約される。大統領的首相論をより精緻化し、因果連関をはっきりさせるためには、大統領制および議院内閣制がそれぞれどのような影響力関係を作り出すのか、またそこから逸脱した現象をどのように理解すべきかについてより明確な視点を提示する、比較政治制度論の知見を参照する必要があろう。次節では、その作業を進めることにしたい。

3 比較政治制度論と大統領的首相

執政とは何か

首相の権力基盤を解明しようとする本書において、本章から第四章にかけての第II部では、今日の比較政治学の主要成果の一つである比較政治制度論を援用しながら分析を進める。比較政治制度論は、政治制度が政治における意思決定の過程や政策の帰結に与える影響を分析しようとするもので、今日の比較政治学において最も急速に研究が進展している分野である(詳しくは、建林・曽我・待鳥 二〇〇八)。

比較政治制度論によって首相政治を分析する際には、注意しなくてはならないことがある。それは、比較政治制度論において首相について議論する場合には、議院内閣制と大統領制を対極の存在として理解するのではなく、両者に違いがあったとしても「執政制度」として統一的に検討できると考えることである。ここでいう「執政(executive)」とは、政治的な観点から行政の担い手である官僚を監督すると同時に、行政の機能が極めて大きくなっている現代国家における政策の立案を行うよう、有権者ないしは議会多数派から委任を受けた政治家の集団を指す。それは、単に議会によって行われた立法に基づいて政策を実施に移す「行政(administration)」とは異なる。執政の最高責任者となる政治家である首相と大統領についても、包括的に「執政長官(chief executive)」と総称して捉えられる。したがって、執政制度とは、執政長官をどのように選出するか、また執政長官にいかなる権限を与えるかを定めるルールである。

執政制度に関する比較政治制度論の分析は、大統領制と議院内閣制を一対一の関係として捉えてその差異を強調する古典的な見解、とくにアメリカで活躍した政治学者であるファン・リンスらの議論(たとえば、Linz and Valenzuela 1994)への批判から登場した。比較政治制度論者の主張は、大きく二点に集約される。第一に、大統領制や議院内閣制には、それぞれ内部に多様なヴァリエーションが存在するのであり、大統領制におけるアメリカや、議院内閣制におけるイギリスを理念型として、両者を対比するのは妥当とはいえない。第二の主張は、大統領制と議院内閣制をそれぞれ単一で対照的な存在として理解することから自由になれば、制度構造の共通性に注目しながら、執政制度分析として統一的な構図の中で検討することが可能になる、というものである。
以下では、比較政治制度論による執政制度分析が行っている二つの主張について、それぞれ近年の代表的な見解をいくつか取り上げることにしよう。

大統領制と議院内閣制の多様性

まず、大統領制に関してヴァリエーションの存在を包括的に明らかにしたのが、アメリカの政治学者マシュー・シューガートらによる一連の研究である（Shugart and Carey 1992; Mainwaring and Shugart 1997; Shugart and Haggard 2001）。彼らがまず示したのは、同じ大統領制を採用している場合であっても、大統領が持つ憲法上の権限は多様だということであった。具体的には、政策決定に関して、拒否権、項目別拒否権、行政命令（デクレ）権、法案提出権、予算権限、国民投票提案権などを大統領が有するかどうか、また政府運営に関して、内閣形成権、内閣解任権、議会解散権を大統領が有するかどうか、議会による内閣（閣僚）不信任の権限が存在するかどうか、といった要因によって憲法構造上の違いが生じる。

憲法構造上の違いだけが大統領制内部の差異を生み出すわけではない。彼らが次に注目したのは、大統領と政権党の間の関係であった。政策決定と政府運営のいずれについても、大統領が憲法上有する権限が強力でない場合に、政権党が議会に十分な議席を持ち、かつ大統領の方針に忠実であれば、大統領は政権党を介して課題を処理することができる。逆に、憲法上の大統領の権限がいかに強大であっても、政権党が大統領に協力しなければ、権力分立の下で大統領が実現できることは限られる。そして、政権党が大統領に協力するかどうかは、大統領が議会選挙の動向に影響力を行使できる制度構造になっているかどうかに、大きく依存する。

大統領が政策決定や政府運営において果たす役割について、豊富な事例に基づいて体系化する試みが最も行われているのは、アメリカの場合である。そこでもまた、主として大統領相互の通時的比較によって、行使できる影響力に大きなばらつきがあることが明らかにされてきた。とりわけ鍵を握るのは、連邦議会を中心とした政権外の統治エリートからの協力である（Skowronek 1991; Jones 1999）。シューガートらの基準に従えば、アメリカの大統領が持つ憲法上の権限は小さい。そのため、連邦議会の政権党との間に協調関係を築き、安定的な多数派形成が行われない限り、十分な影響力を行使できない。

一方、議院内閣制のヴァリエーションについて体系的な議論の一つを提示したのが、政治学者の大山礼子による研究である（大山 二〇〇三）。大山は、オランダやアメリカで活躍した政治学者アレンド・レイプハルト（Lijphart 1999）の多数主義型とコンセンサス型という民主主義分類を、議会の審議構造という観点を加えることで、議院内閣制の分類に援用する［★6］。すなわち、議院内閣制は多数主義型の民主主義と親和性が強いウェストミンスター型と、コンセンサス型の民主主義と結びつきやすい欧州大陸型に大別される。一方において イギリス政治をモデル化したウェストミンスター型では与党と政府が一体化し、内閣提出法案を高い水準で成立させながら、野党との対決と論争を中心とした審議を行う構造を持つ。他方、フランスやイタリアに代表される欧州大陸型では、議会内における与党の一体性は高いものの、政権からの自律性を確保しているため、議会が全体として政府監視機能を持ち、政策決定に関しても議会内での政党（会派）間協議に委ねられる部分が大きい［★7］。

執政制度の統一的理解

大統領制と議院内閣制という対比を相対化したシューガートらの試みからさらに議論を進めて、執政制度や行政部門と立法部門の関係について、統一的に把握できるという主張もなされるようになった。

その嚆矢《こうし》ともいえるのが、アメリカの政治学者マシュー・マッカビンズらによる「目的の分立（separation of purpose）」概念の提示である（Haggard and McCubbins 2001; Cox and McCubbins 2001）。従来の大統領制と議院内閣制の比較は、主として立法権と行政権が分離しているか、融合しているかという権力分立の問題に、もっぱら注目してきた。これに対して「目的の分立」概念は、選挙制度の特徴を出発点に、それが政党システムや政党組織のあり方を規定するだけでなく、議員と執政長官（首相や大統領）の政治上の行動の一致ないし不一致も生み出すと考える。具体的には、執政長官が政党指導者として候補者の公認過程などに密接に関与し、かつ執政長官の選出と議会選挙の結果が強く関連している場合には、議員と執政長官の間に目的の一致が生じる。目的の一致があるとき、両者の行動は一致する。逆に執政長官が議員の選挙の帰趨《きすう》に影響を与えられないのであれば、議員が執政長官に従った行動を取る必要はなくなる［★8］。

首相であれ大統領であれ、執政長官が政策決定や政府運営において困難に直面するのは、分割政府の発生などに代表される権力分立によるものだけではなく、目的の分立もまた大きな影響を与える。同時に、権力分立が存在する場合であっても、目的の分立が強固でなければ、執政長官は議会との協調関係を築くことができる。目的の分立は、権力分立との相互作用によって、政策過程における拒否権行使ポイントの実効数を規定するのである。表2－1に示したように、権力分立と目的の分立を二つの尺度として、各国の執政長官－議会関係を分類することができる。権力分立が明確な大統領制においても、目的の分立の程度が小さければ、大統領と議会が対立する場面は少ない。議院内閣制において、目的の分立の程度が大きければ、与党議員であっても首相の意向に抵抗する傾向が強まる（Cox and McCubbins 2001: 26）。

ただし、目的の分立に関する従来の議論においては、執政長官と官僚の関係について十分な検討がなされ

表2-1 「権力分立」と「目的の分立」概念

		権力	
		統一	分立
目的	統一	イギリス	メキシコ 台湾
	分立	日本 チェコ	アメリカ アルゼンチン ポーランド チリ

出典：Haggard and McCubbins（2001: table1-1）.

ていなかった。執政長官の影響力が実質的な拒否権行使ポイントの多寡によって変動するのであれば、拒否権を有するアクター（拒否権プレーヤー）として官僚の存在を取りこんだ分析が必要であろう。すなわち、議員の自律性が選挙制度によって大きく規定されるように、政治任用ポストの数や組織への浸透度といった人事制度上の特徴から、官僚が執政中枢部からの自律性を有する程度は変化する。それによって目的の分立の程度も変化すると考えられる。政治任用ポストが多く、行政の活動にとって不可欠の存在になるほど、官僚が執政中枢部に対し拒否権プレーヤーとして行動する可能性は低下する。

なお、マッカビンズらと同じ系統上の議論を進めながら、より明快で、量的に把握可能な見解を提示するのが政治学者の建林正彦（二〇〇四）である。彼が注目するのは、選挙制度と執政制度、およびそれらの組み合わせという要因である。選挙制度については、有権者の投票が候補者個人中心となるか政党中心となるかによって、単記非委譲式の中選挙区制から拘束名簿式の比例代表制までを配列するシューガートの基準（Shugart 2001）を用いる。

少し具体的に見よう。執政制度については、議院内閣制であるか大統領制であるかという区分に加え、議院内閣制を細分化する要因として、選挙後の政権の組み合わせや首相候補が事前に明らかであるかどうかによって生じる、政権選択誘因という基準を付加する。大統領制についても、議会選挙と大統領選挙が同時に行われる場合には、有権者は政党中心の投票を行いやすくなるため、この点を基準とした細分化を行う。各指標を具体的な尺度にする作業や、指標の統合と細分化には、なお検討の余地があるように思われる。しかし、建林の議論は、政策過程が政党中心になる基礎として有権者の投票行動があると考え、それに対する誘因を検討することで、議院内閣制と大統領制の細分化および統一的理解を追求したものとして意味を持つ［★9］。

「大統領的首相」の再定義

前項において検討を加えた近年の執政制度分析の知見が、大統領的首相論に対して持つ含意としては、次のような点が指摘できよう。

まず、古典的な議院内閣制が古典的な大統領制に接近しているというだけでは、分析概念としては不十分だということである。たとえばリンスが行っているような両者の対比は、多分に理念型の比較であり、そもそも現実の比較ではない。大統領制にも議院内閣制にも内部に多数のヴァリエーションがある以上、大統領制におけるアメリカ、議院内閣制におけるイギリスといった特定国のみをモデル化し、それを対比することのみによって、実証分析を進める上で有益な概念やその定義が得られるとは考えがたい。

第二には、議院内閣制が大統領制に接近しているかどうかを検討するには、制度分析の視点が必要だということである。そもそも、議院内閣制あるいは大統領制という概念が、執政長官の制度的な選出方法と権限を第一義的な基準としているのだから、執政長官のリーダーシップのスタイルや資源、あるいはその社会経済的文脈のみから両者の関係を定義することは困難であろう。また、制度の差異があっても運用の実態が同じであると考えるには、両者の違いはなお大きい。執政制度を統一的な視座や指標によって理解できるということは、すべての執政制度が同じ方向性を持つことを意味してはいない（Samuels and Shugart 2010）。

そこで、先に検討した比較政治制度論による執政制度分析の知見を踏まえて、「大統領的首相」および「政治の大統領制化」のより厳密な概念定義や、そこに存在する因果連関を、改めて考えてみる必要があるだろう。手がかりとなるのは、マッカビンズらによって示された、権力分立と目的の分立の区別という考え方である。このうち、大統領的首相が論じられる文脈が議院内閣制を前提としたものである以上、権力分立は直接の関係を持たない。焦点は、議院内閣制における目的の分立の程度を、何によってどのように低下させるか、というところに合わせられる。

目的の分立の程度を低下させるには、二つの方法が存在する。一つは、制度変革によって分立の程度を恒常的に低下させる、「議院内閣制のウェストミンスター化」と呼ぶべき方法である。これは、執政制度と深く関連し合いながら政治過程に影響を与える他の政治制度、すなわち選挙制度や政官関係を変化させることで、個々の議員や与党、さらに省庁官僚の間に形成された強固な同盟関係（下位政府）が、政策過程で首相を中心とした内閣に対して自律的に行動する程度を低下させる方向での変化だと定義できる。制度構造の変革を伴っているために、その度合いが低下した目的の分立は、新たな制度変化が生じるまではほぼ同じ水準となる。換言すれば、政権交代などによっても目的の分立の程度には変化がないと考えられる。

もう一つが、制度運用によって分立の程度を一時的ないし擬似的に操作する「大統領的首相化」ないし「議院内閣制の大統領制化」である。これは、選挙制度などから生じる目的の分立の構造に変化がない状況で、首相が議会内与党よりも執政中枢部や世論に依存する度合いを強め、議会内与党を「外側から」包囲することを指す。この方法は、首相や内閣と議会内与党の結合度が低い欧州大陸型の議院内閣制、あるいは与党と官僚が所轄する業界を巻き込んで下位政府を形成して執政中枢部の方針に背いている状況においては、選択肢となりうる。大統領的首相化によっては、目的の分立を生み出す制度構造自体は解消せず、その運用によって、異なった目的を持つ諸アクターが首相や内閣に対し拒否権を行使しない状況を一時的に作り出す、という方向が目指される。

この新しい定義に即して、中曾根と小泉の首相リーダーシップを比較検討することが、次節の課題となる。

4　日本における首相政治の変容

二人の「大統領的首相」

中曾根康弘と小泉純一郎は、戦後日本の大統領的首相として、必ずといっていいほど言及される存在である。日本の政治構造は、議院内閣制を採用しながらも、目的の分立が顕著で多くの拒否権プレーヤーが存在する点が特徴だとされてきた。その中で、中曾根と小泉は例外的なリーダーシップにより、拒否権プレーヤーが多いために生ずる政策過程の多元的停滞を克服したと考えられている。首相としての権力行使に関して、二人が類似した政治指導者であることは、数多くの論者によって指摘されている(たとえば、大嶽 二〇〇三、国正・後藤・星 二〇〇五、新藤 二〇一二)。

両者の政治的背景には、いくつかの共通点がある。一つには、ともに政策面において自民党の異端だったという点である。中曾根は伝統主義や国家主義への志向が強いとされ、吉田茂によって形成された経済重視路線には与《くみ》していなかった[★10]。小泉は派閥のリーダーですらなく、与党内のコンセンサスが全く形成されていない段階から郵政事業の民営化を主張して再三総裁選挙に立候補するなど、一匹狼的な側面が強かった。

もう一つの共通点は、自民党内での支持基盤の弱さに比して世論からの支持調達に長《た》けていた点である。中曾根は「三角大福中」と呼ばれた一九七〇年代の主要派閥の一つを率いてはいたが、その規模は小さく、政権初期まで党内においては田中角栄の支持を期待せねばならなかった。しかし、政権支持率は高い水準で安定的であった。小泉の場合は、派閥間の合従連衡が総裁選挙の行方を直接左右した時代には、有力候補にすらならなかった。だが、都道府県連の持ち票が各一票から三票へと大幅に増えた二〇〇一年自民党総裁選挙において、一般党員の支持を全面的に集めて当選し、首相として大ブームをもたらした[★11]。

首相として従来の与党内における主流とは異なった政策を追求し、しかも与党内での支持基盤が脆弱であるとき、外部からの支持動員によって政策転換を図るのは当然である。一九七〇年代までにも、三木武夫のように類似の方向性を追求した首相は存在した。しかし、中曾根はそれを明確に意識していた点で特徴的であった。中曾根は自ら「大統領的首相」「トップダウン型」という言葉を使い、民間人による諮問機関の活用による世論喚起と政治家や官僚への対抗、重要閣僚の長期留任、官邸への人材集中を政権運営の柱に据えた(信田 二〇〇四)。これに加えて、ネクタイ選びや先進国首脳会議(サミット)での写真撮影における立ち位置への意識など、マスメディアを通じての指導者イメージ形成にも注意が払われていた点も指摘できよう。

小泉もまた、中曾根と似たスタイルでの政権運営を行っていたと評される。大統領的首相として小泉を捉える学術的な成果は、信田智人(二〇〇四)による対外政策決定過程の分析、牧原出(二〇〇五)による内閣官房および内閣府の研究、大嶽秀夫(二〇〇三)やエリス・クラウスとベンジャミン・ナイブレード(Krauss and Nyblade 2005)による首相報道研究、高瀬淳一(二〇〇五)による政治コミュニケーション研究などがあるが、その重要性に比して意外に多くない[★12]。しかし、小泉政権を首相の個性に支えられていた部分が大きかったとする見解にまで広げて考えれば、御厨貴(二〇〇六)や内山融(二〇〇七、二〇一二)など相当数に上る。その意味では相当広く受け入れられた見解だといえるが、これらはいずれも上に挙げた中曾根の戦略を小泉が踏襲していることを明らかにしている。内閣改造自体をあまり行わず、戦後の内閣としては極めて例外的な水準で多数の閣僚が留任していることを考えあわせると、小泉が大統領的首相であるという議論は、成り立つように見えたとしても不思議ではない。中曾根自身も、小泉を自分と同じ大統領的首相だと見ていた（中曾根 二〇〇三、国正・後藤・星 二〇〇五）。

しかし、本章前半での理論的検討が明らかにしたのは、直観的な大統領的首相論には、議院内閣制のウェストミンスター化と捉えるべき要素が多く含まれているという点であった。改めて定式化しておこう。そもそも議院内閣制は、大統領制と比べて権力融合的なのであり、首相が政策過程において強い影響力を行使する余地が大きい。そのため、首相が強いリーダーシップの発揮を志向する場合には、議院内閣制における与党と内閣の融合を前提として、選挙制度や官僚との関係を規定する制度の変更によって、首相の影響力行使の制約要因となる「目的の分立」を解消する方が合理的である。それが不可能な場合に、与党や官僚を外側から包囲することで目的の分立を一時的ないし擬似的に解消することになる。そしてこの場合にのみ、「大統領的首相」と呼ぶべきなのである。この観点から、中曾根と小泉の政権運営を再び比較検討するのが、以下の課題となる。

目的の分立に関する変化

中曾根政権と小泉政権の基礎条件で最も大きく異なるのは、衆議院の選挙制度が中選挙区制から小選挙区比例代表並立制へと変化したことである。中曾根の首相在任中は、衆議院の選挙制度改革は全く具体化しておらず、参議院でも一九八三年の拘束名簿式比例代表制の導入とともに衆議院派閥の系列化が進行していた。

また、個人後援会を確立することにより、自民党の公認候補となれなかった場合には無所属候補となることも可能であった。派閥は、場合によってはこれらの非公認無所属候補を支援し、当選した後に追加公認などを行わせることも少なくなかった。このような状況の下では、自民党の一員として統一的な選挙公約に従って戦うよりも、同一選挙区に複数の自民党候補が立つことを前提にして、自民党候補相互間の差異化を図ることが合理的な行動であった(建林 二〇〇四)。

一九九四年に選挙制度改革が行われ、二〇〇〇年総選挙からは比例代表定数がさらに削減されたことにより、衆議院選挙は完全に小選挙区中心となった。小選挙区制は各選挙区の定数が一人であるため、有権者は基本的に二大政党の間で選択を行うことになり、政党ラベルの意味が決定的となった。アメリカのように議員が地域代表として位置づけられ、選挙区単位での予備選挙によってボトムアップの候補者公認が行われる場合には、小選挙区制の場合であっても候補者ごとの選挙運動の自由度は大きい。しかし、日本では公認付与権を政党執行部が有しているため、小選挙区比例代表並立制導入によって候補者の自由度は大幅に低下した。以前であれば保守系の候補者には「党執行部の方針に従い公認候補となる」「公認は得るが党執行部の方針とは異なった公約を掲げる」「公認を得ずに無所属候補となる」という選択肢がありえた。それが選挙制度改革により、第一の選択肢しか事実上存在しなくなったのである。

政党執行部による公認付与権が決定的な意味を持つことで、次回選挙での再選を目指す現職議員にとっても執行部への抵抗は難しくなった[★13]。言い換えるならば、首相を中心とする与党執行部の方針に対し、その他の議員が拒否権を行使できる可能性は大幅に低下し、執行部への集権化が生じたのである。アメリカの政治学者であるゲイリー・コックスらが指摘するように、拒否権を行使する実質的な可能性を持つアクターが多数存在するのは、目的の分立の程度が強いことを意味する(Cox and McCubbins 2001)。小選挙区制導入による議員と政党執行部の間の関係変化は、明らかに目的の分立の程度を低下させる効果を持つ。

また同じことは、官僚との関係についてもいえる。官僚は、本来は執政中枢部の代理人だが、その専門技術性ゆえに裁量範囲（エイジェンシー・スラック）が大きくなり、統制が容易ではない。一九九〇年代に橋本政権の下で行われた行政改革（橋本行革）は、行政省庁の組織を改編すると同時に、内閣官房の拡充と内閣府の新設を行って首相に政策の基本的な方向性についての立案をサポートする組織と人員を与えることで、省庁官僚の裁量範囲を縮小する試みであった。首相や官房長官に直属する機構であれば、当然に各省庁の官僚の場合よりも執政中枢部との目的の分立の程度は低くなる。その結果として、各省庁は所轄する政策領域に局限された狭い範囲での継続性や整合性を主張して、実質的に政策転換への拒否権を行使することは困難になった。選挙制度改革と内閣機能強化の結果を受けて、小泉は中曾根と異なり、まず何よりも目的の分立の制度的縮減、すなわち議院内閣制のウェストミンスター化によって影響力を強めることが可能であった。

メディアおよび世論との関係

選挙制度の変革などがなく、目的の分立の程度に変化が生じない状態においては、議会とりわけ与党議員を外側から包囲することが、首相を中心とする執政中枢部にとって重要な戦略となる。その具体的な手段が、マスメディアおよび世論の活用である[★14]。中曾根と小泉を比較すると、一般に両者はともにメディアや世論を活用して政策の実現を図ってきたとされる（高瀬 二〇〇五）。しかし、本書の立場からは、小泉政権の場合には既に目的の分立が縮減されていたためにその必要は小さく、中曾根政権はより強くメディアおよび世論に依存したものと考えられる。

中曾根がメディアや世論の存在を強く意識していたことは、よく知られている（星・逢坂 二〇〇六）。彼は現代日本の政治が「大衆民主主義の時代」「テレビ時代」であることを熟知していた。それは政治家を「俗物」にするとしながらも、テレビ時代において「政治は、この国民の〝知りたい〟という欲求のテンポとリズムに遅れてはならない」のであり、それでいて「周到な勉強、調査や政策」にも支えられるのが、首相の「指導力」であると考えていた(中曾根 一九九二、三一九〜三二三頁)。実際、初期には田中角栄からの支持に依存した中曾根政権は、中期以降に支持率を上昇させる[★15]。政権としての方向性が確立されてから後に支持率の上昇が見られるのは、政策面での成功とあわせ、世論を意識したスタイルへの反応であろう。

他方、小泉政権は発足直後に圧倒的な支持を受けたのが、その大きな特徴である。確かに、首相として極端に不人気だった森喜朗の後を受け、自民党総裁選挙では地方一般党員の圧倒的な支持を得て当選し、首相就任後にも数々の「サプライズ」を展開したことで、小泉は大衆迎合的な印象を与えた(大嶽 二〇〇三)。小泉は、ぶらさがり会見を徹底的に活用した最初の首相でもあった。テレビ向けの短時間の記者会見で歯切れの良い言葉を駆使し、世論を形成しようとする姿勢は、確かに目新しいものであった。しかし、多くの重要政策に関して説明不足という批判を受けたことからも分かるように、小泉の世論対策はそれほど周到ではなかった。支持率に関しても、政権発足直後が異例の高水準だったこともあって、その後は二〇〇五年九月の郵政解散まで低下傾向が続いた[★16]。マスメディアや世論を政治的資源とすることに関して、小泉は中曾根に比べると徹底していなかったのである。

直属スタッフとの関係

執政中枢部直属のスタッフ組織を整備し、それを積極的に活用することもまた、目的の分立を低下させる効果を持つ。とくに、与党議員と省庁官僚の間に強固な結びつきが形成され、執政中枢部が十分に関与しない形で政策立案がなされている場合には、政策立案機能を省庁官僚以外の直属スタッフに実質的に移管することで、執政長官（首相や大統領）は与党議員と省庁官僚の連合を解体し、与党議員や省庁官僚の干渉を受けずに政策転換を図ることが容易になる。アメリカにおいて、省庁とは別に大統領府が形成され、政治任用を受けた補佐官をはじめとする多数のホワイトハウス・スタッフが出現するようになったのは、このような事情を背景としている。

日本でも、中曽根政権において取られたのは同様の手法であった。中曽根は、鈴木内閣期に設置された第二次臨時行政調査会（第二臨調）を全面的に活用し、国鉄など三公社の民営化を実現した（飯尾 一九九三、大嶽 一九九四）。ただし、第二臨調は一時的に設置された審議会であり、省庁の制度的権限を縮減したわけではなかった。そのため、たとえば国鉄改革の際には、国鉄に対抗意識を持つ運輸省の協力を必要とした。財政再建に関しても、「増税なき財政再建」という方向性の設定までは第二臨調で行うことができたが、その具体的な手段としては、各省庁横並びによるシーリング設定によらざるを得なかった。官僚の反発を排除して、予算編成の優先順位を変更するだけの政治的資源が内閣になかったためである。

小泉政権における直属スタッフ組織の活用は、より制度的であった。経済財政諮問会議が果たした役割はしばしば指摘されてきたが、内閣府とあわせた場合にその機能は中曽根政権期の第二臨調よりも細部にわたっており、この基本方針に各省庁が逆らうのは困難であった（読売新聞政治部 二〇〇五、竹中 二〇〇六）。毎年度の予算編成に関して、基本方針の決定は財務省の掌中にはなかったといわれる。道路公団改革や地方財政改革なども、所轄する国土交通省や総務省が望むものとは大きく異なった方針が採用された（北村 二〇〇五）。内閣府が各省庁の上に立つという状況にまでは至らなかったにしても、橋本行革により官僚の制度的権限が縮減した効果は表れていたように思われる。また、選挙制度改革によって与党議員の政策面での分業が弱まったこともあり、いわゆる族議員と省庁官僚の強固な結びつきは解体する傾向が見られた。自民党が政調会の部会を自由参加制として、部会長と副部会長を除いて所属議員名簿を作成しなくなったのは、その傍証である（建林 二〇〇四）。

5 小括

本章において示されたことは、次の三つに大別できる。

第一に、近年盛んになっている大統領的首相論や政治の大統領制化という議論は、いくつかの魅力ある概念や分析視角を提起しているものの、そのままでは十分な根拠を持っているとは言い難い。とくに、大統領的首相が登場して政治が大統領制化する理由を一九六〇年代以降の国際政治変動や社会変動のみに求めていることと、議院内閣制と大統領制の差異を古典的で静態的な制度比較に求めていることは、大きな弱点であった。

第二に、これらの弱点を修正するために比較政治制度論の成果を取りこむことで、より厳密な大統領的首相概念の再定義が可能になる。とくに重要なのは、選挙制度をはじめとする政治制度のあり方によって、政策過程におけるアクター間の「目的の分立」の程度が異なるという点である。議院内閣制の下で、目的の分立の程度を低下させるために、制度構造を変化させずに議会与党や官僚を外側から包摂する戦略を取る場合にのみ、大統領的首相という概念は用いられるべきである。

そして第三に、再定義した大統領的首相概念を用いることで、個々の首相が用いるリーダーシップ・スタイルについて、直観や非体系的な観察に頼らず、ポイントを絞った議論が可能になる。新しい大統領的首相概念に依拠しながら、中曾根康弘と小泉純一郎のリーダーシップを比較すると、そこには明確な差異が存在した。中曾根が採った戦略は、まさに大統領的首相を目指すものであった。選挙制度改革などが行われず、戦後日本政治に見られた権力構造の多元性、すなわち目的の分立によって多くのアクターが拒否権を持つ状況を前提として、中曾根は与党や官僚を外側から包囲することにより、彼らが拒否権を行使しないようにすることを試みた。これに対して小泉は、一九九〇年代に行われた選挙制度改革と内閣機能強化を受けて、政治制度が持つ「目的の分立」が縮減されうる状況でリーダーシップを行使した［★17］。

中曾根と小泉の首相リーダーシップに明らかな方向性の違いが存在するという本章の知見は、日本の首相政治を考える上で、一九九〇年代の選挙制度改革と内閣機能強化を無視すべきではないという示唆を与える。そして、戦後日本政治が相対的に安定的な環境に置かれていた高度経済成長期までとは異なった条件下に登場した二つの長期政権が、一見したところの類似性とは裏腹に実は大きな違いを持つことを意味している。中曾根は例外的だったかもしれないが、小泉の長期政権には制度的根拠が存在したのではないだろうか。

とはいえ、本章で取り上げたのは二人の首相のみの対比という、いわば点の比較であった。しかも、小泉に続く安倍晋三以降の各政権が短命に終わり、その過程では首相のリーダーシップに疑問符がつけられることも少なくなかった。今や小泉は例外だったという見解の方が一般的なのである。そこで、少し違った角度から、より多くの首相を継続的に取り上げることで、九〇年代の制度改革が与えた影響を考える作業を、次章以降でも進めることにしよう。

註

＊本章は待鳥（二〇〇六）を原型として、大幅に加筆修正を行ったものである。

★1―なお、議院内閣制に大統領制の要素を取り込むべきだという主張だけが存在するわけではなく、大統領制の側にも似たような議論は存在する。大統領制を採用する諸国には、政策過程の安定化などの理由から、議院内閣制への移行や部分的導入を主張する論者もいるのである。日本でも、大統領制に近似した二元代表制を採用している地方レヴェルで、議会が首長と共同で予算編成などの政策立案に携わるべきだ、という意見もある。

★2―なお、武蔵（二〇〇八）はポスト小泉の安倍、福田両政権も取り上げながら、日本における大統領的首相について論じている。

★3―イギリス首相職の形成と展開については、君塚（一九九八、二四〜三四頁）や的場（一九九八、三一〜三七頁）が詳細に論じている。一九世紀においても国王がときとして首相選定に実質的な関与を行うことがあったという点については、君塚（二〇〇七）を参照。なお、このほかに北村亘氏からも懇切なご教示を賜った。

★4―逆第二イメージ論については、古城（二〇〇二）を参照。

★5―一九九三年の選挙制度改革後にも小政党が残存したことに注目して、そもそも政権の安定性は確保されていなかったという見解も出されている（ジャネッティ・レイヴァー 二〇〇一）。

★6―大山は直接的には参照していないが、議院内閣制の他の類型化としては、イギリスの政治学者ローズ（Rose 1991）による憲法構造と与党数を基準とする議論がある。また、内閣内部の意思決定パターンによる分類として、アンデウェグ（Andeweg 1993）の見解を参照。議院内閣制のヴァリエーションに関するより詳細な検討は、第4章で行う。

★7―なお、フランスの政治過程には議院内閣制の特徴が表れているという見解は、ヒューバー（Huber 1996）などによってもなされており、必ずしも大山に限定されるものではない。

★8―執政長官が議会選挙の帰趨にどの程度の影響を与えられるかを規定する上で重要な要素として、とくに大統領制の場合には、大統領選挙と議会選挙の時間的合致、すなわち選挙サイクルが大きな意味を持つ。大統領制において選挙サイクルが持つ効果について検討した研究として、浅羽・大西・春木（二〇一〇）を参照。

★9――なお、執政制度の特徴について体系的な検討を行っているわけではないが、増山（二〇〇三）の国会に関する与党優位論や、竹中（二〇〇五、二〇一〇）の内閣―参議院関係論にも、議院内閣制と大統領制の古典的区分から離れた分析を行おうという方向性が見られる。

★10――大嶽（一九九四）が論じるように、中曾根の政策的方向性が単なる伝統主義や復古主義と見るのは正しくなく、思想的には吉田と近似した「自覚的・対他的」ナショナリストだといえる。しかし、少なくとも政策面では、吉田路線への反発とその見直しは彼の政治家としてのライフワークであった。

★11――この持ち票分については、各都道府県連がそれぞれ一般党員票を集計し、それを第一位候補者への投票にすべて回すという「勝者総取り方式」だったため、一般党員の間での小泉人気が圧倒的な勝利に結びついた。この方式が採用されたのは、二〇〇〇年に小渕恵三が倒れ、後継総裁に森喜朗を選出した際に、ごく少数の有力議員の話し合いで決めたことへの反発や批判があったためであった。信田（二〇〇七、一七〇～一七二頁）を参照。

★12――なお、クラウスとナイブレードの議論は、本章第一節で検討したポグントゥケとウェブの見解に従って、八〇年代以降の長期的趨勢として日本政治の大統領制化を示し、その上に小泉を位置づけている。

★13――小泉政権におけるさまざまな政策転換にこの効果が現れているが、最も顕著だったのは郵政事業民営化法案の処理過程であろうことは、今日ではほとんどの論者が認めている。

★14――アメリカ大統領がこの戦略を採用することについては、カーネルの議論（Kernell 1997）を参照。

★15――北岡（二〇〇八）に示された読売新聞世論調査による。

★16――ただし、二〇〇五年八月の衆議院解散後は、再び五〇%を超える高水準に戻っている。

★17――山口（二〇〇五）は小泉政権の下での変化が「日本政治のイギリス化」だと指摘する。ただし、「イギリス化」の定義やその根拠に関しては、やや曖昧である。

第三章 首相から見た与党議員と官僚

1 課題の設定

第I部において検討してきたように、おおむね一九八〇年代までの日本には、憲法が当初想定した議院内閣制の基本的な特徴である、首相を頂点とする執政中枢部が与党一般議員と官僚を統御しながら政府を運営するという政治は確立されなかった。中選挙区制の下で、政権交代による与野党の入れ替わりが生じる可能性は低く、政党間の競争は激しいとはいえなかった。それぞれの時代に重要な政策課題はあったが、マクロな観点からいえば、国際政治経済秩序は相対的に安定しており、しかも経済成長によって総花的な地域開発や福祉政策を許容する財政的余地が大きかった。そのため、首相が決断を迫られ、積極的に権力を行使する局面は比較的少なかった。一時的に強力な政治リーダーが登場して首相権力を積極的に行使しても、それは制度化されたものとはならず、後継者には必ずしも継承されなかったのである。

これら戦後日本政治の基礎条件が失われたという認識を背景に、一九九〇年代には選挙制度改革と内閣機能強化が行われた。これらの制度改革が持つ一つの意味は、議院内閣制に特徴的な政治過程の確立を妨げていた要因を取り除き、前章で定式化した「ウェストミンスター化」を志向したところに求められる。小選挙区制を中心とする衆議院の新しい選挙制度によって小政党が存立する基盤を弱め、政党システムを二大政党制に変えるとともに、各政党の内部でも、複数の集団が自律性を保ちながら恒常的連立を組むのではなく、執行部への集権化が図られるようになった。内閣機能の強化は、首相が政策立案のために使える人材や物理的場所などを飛躍的に増大させた。それは、与党議員と官僚が直結した政策立案の道筋をつけることで、ともすれば現状維持や横並びになりがちな従来の傾向からの訣別を志向したものであった。二〇〇一年から五年半に及んだ小泉政権は、日本の議院内閣制のウェストミンスター化を体現していた。

詳しくは次章で見ることになるが、与党議員や官僚の認識では、変革の成果は二〇〇〇年代初頭には既に表れていた。当時はまだ小泉政権の具体的な特徴や成果は必ずしも明瞭ではなく、自民党の下野に至ってはほとんど想定されていなかったというべき状況であった。それでもなお、かつてのような族議員と省庁官僚が一体となった政策決定は困難になりつつあり、首相や閣僚へと政策過程の中心が移動していることが認識されていた。

これに対して、首相こそが名実ともに現代日本政治における権力の頂点にいるという認識が一般に広まったのは、小泉政権の後半期以降のことであった。しかも、ポスト小泉の諸政権がいずれも短命に終わり、目立った政策的成果を挙げられなかったことから、小泉政権期が例外であって、現代日本政治にはやはり「弱い首相」が多いという議論も、今日ではむしろ新しい常識になりつつある。それに見合う形で、議院内閣制のウェストミンスター化と密接に関連すると思われる「官邸主導」や「首相支配」といった言葉は、現状の描写ではなく改革の目標として使われるようになっている。

日本政治における「強い首相」や「官邸主導」の出現は、かつての吉田や中曾根がそうであったように、小泉政権期のみの例外的な現象だったのだろうか。制度変革によって憲法が想定した議院内閣制の本来的特徴がより明瞭な形で日本政治に表れるようになり、首相政治が変容したのだとすれば、それは小泉政権以外の時期にも見られるのではないだろうか。これらの問いに対し、「強い首相」や「官邸主導」といった概念を改めて理論的に整理するとともに、首相の面会データを分析することで答えることが、本章の目的である。

2 理論と仮説

「強い首相」「官邸主導」とは何か

「強い首相」や「官邸主導」という言葉は、元来政治学の用語ではない。そのため、明確で分析に用いることが可能な定義が与えられないまま、近似した意味や内容を伴った他の用語と事実上互換的に使われてきた。日本に限ってみても、比較的近年に公表された政治学者による諸研究の中で、たとえば飯尾潤（二〇〇七、一八四頁）は「首相主導」という語を用いて、首相が執政補佐機構である内閣官房に支えられながら閣僚と与党を統御する「首相中心の議院内閣制」を論じている。竹中治堅（二〇〇六、四～七頁）は「首相支配」という言い方で、与党党首としての首相の権限と法律が首相に与える権限が強まると同時に、世論の動向を背景として「首相への権力集中」が生じたと指摘する。多くの論者が用いる「強い首相」という語も、ほぼ近い意味を持つのであろう（たとえば、上川 二〇一〇）。また大嶽秀夫（二〇〇六、九六頁）においては、主としてマクロ経済運営に限定した「官邸主導」について、「首相が議長を務める経済財政諮問会議が制度的中心をなしたことと、他方で自民党の政務調査会と総務会による事前審査制（与党審査制ともいう）という慣行を無視する小泉の強引な手法とが双璧をなす」と述べている。

これらの用法のほとんどは、小泉政権期を分析するために登場したものである。小泉に固有の条件をどの程度強調するかなどによって多少の違いはあるが、首相主導、首相支配、強い首相、官邸主導などが、ほぼ同じ意味内容を指していることは明らかであろう。そして同時に、それが何を指すのかについて、日本政治や小泉政権に関する現象の叙述を超えて一般化可能な定義は行われていない。

議院内閣制諸国において官邸主導と同じような意味合いを持ち、より分析に使用可能な定義が与えられて用いられているのは、「執政政治」という語であろう[★1]。執政については前章で定義を与えたが、改めて述べておくならば、政治的な観点から行政の担い手である官僚を監督すると同時に、行政の機能が極めて大きくなっている現代国家における政策の立案を行うよう、有権者ないしは議会多数派から委任を受けた政治家の集団を、本書では指している。

しばしば用いられる執政政治についての定義は、イギリスの政治学者R・A・W・ローズ(Rhodes 1995: 12)による「中央政府の政策を調整し、かつ政府機構の異なった部分間に生じる対立の最終的な仲裁者として行動するすべての組織や手続き」である。ウェストミンスター型議院内閣制の範型であるイギリス政治においては、伝統的に首相や大臣のみが意思決定に参画するという首相専権論、首相支配論が主張されてきた。ローズは首相専権論への反論として、政府内の調整や意思決定が首相のみによって担われているわけではないことを指摘して、より広範なネットワークに基づいた政策決定がなされていると論じたのである(伊藤 二〇〇六、阪野 二〇〇六、高安 二〇〇九、二〇一一b)。

執政政治論はイギリス政治の文脈を超えて、より大きな比較政治学上の含意を持つ。前章でも見たように、基本的な図式に基づく理解では、議院内閣制は比較的単純な委任関係の連鎖をその特徴とする。そこでは、首相が政権運営にあたって依拠するのは与党議員であり、政策決定においては省庁官僚であるとされる。しかし、基本図式は現実と同じではなく、現実を抽象化したものである。実際の議院内閣制において、与党議員の中でとくに誰と連携するのか、官僚の中でとくに首相が誰に多くの委任を行うかまでは、委任の図式からだけでは一義的に定めることはできない。首相の周囲に存在するネットワークにはさまざまなものがありうるのである(伊藤 二〇〇八)。

だとすると、どのネットワークが政策決定の中心であるか、ということが問われねばならない。この点について本書では、議院内閣制において執政政治の中心的な担い手が「官邸」とほぼ重なり合う状態を指して、とくに官邸主導と呼ぶことにしたい。すなわち、官邸主導とは「首相が政治任用者を含む直属スタッフの補佐を得つつ、閣僚や与党執行部を主たる権力基盤として自律的に行う政権運営や政策決定のあり方」であると定義できる[★2]。言い換えるならば、政策立案と行政監督という執政の二つの機能を、いずれも首相への頻繁なアクセスが可能な、閣僚や与党執行部と直属スタッフが中心となって担う状態である。これに対比されるのは、かつて日本型多元主義論において見出された、与党である自民党の一般議員と省庁官僚が連携しながら主導する政策過程である。伊藤光利(二〇〇六)が指摘するように、そこでは一般議員と省庁官僚からなる多数の政策ネットワークがあり、それらが執政政治の中心的な担い手となる傾向が見られた。

官邸主導を右に述べたように定義するならば、その最大の特徴は首相が政権運営に当たって閣僚、与党執行部、および直属スタッフに依拠する点に求められる。理論的には、議院内閣制において閣僚と与党執行部に首相が依拠するのは当然ともいえるので、官邸主導について考えるためにとくに問われるべきは、官房長官や官房副長官、補佐官を含む直属スタッフへの依拠がなぜ生じるか、であろう[★3]。前章で検討した大統領的首相論は、首相が直属スタッフに依拠して与党一般議員や省庁官僚に対する自律性を強めるのは、議院内閣制が大統領制に接近した結果として顕著に見られる特徴であると指摘する(Poguntke and Webb 2005; 原田 二〇〇八)。その見解に無条件に同意しがたいことは既に論じたところだが、首相が直属スタッフに依存する理由を考える上では、大統領制における議論を参照するのが有益なのは確かである[★4]。

そこで項を改めて、アメリカの大統領研究において直属スタッフへの依存がなぜ生じると考えられているのかを検討し、官邸主導が生じる理由についていくつかの仮説を導くことにしよう。

三つの仮説

官邸主導はなぜ生じたのだろうか。前章で扱った大統領的首相論においては、首相の依拠する基盤の変化について、長期的な政治変動と結びつけられて漠然とした説明が与えられているに過ぎない(Helms 2005)。先に紹介した執政政治論は注目すべき現象の析出に成功しているが、そこにおいても変化の理由について体系的な検討がなされているとは言い難い。むしろこの点については、大統領制を採用するアメリカにおいて、ホワイトハウス・スタッフを中心とした政治任用者への依存をめぐって、いくつかの見解が提起されてきた。まずはそれについて検討し、検証可能な対抗仮説として提示しよう。その後、本書の仮説を提示することにしたい。

政策転換仮説　この仮説が主張するのは、首相は政策転換を図りたい場合には政策立案を直属スタッフに依拠するが、それ以外の場合には省庁官僚に依拠する、というもので、アメリカ大統領制における補佐官の活用に関する研究から導かれる。

アメリカにおいて大統領がどのようなときに補佐官に依存するようになるのか。この問いに対して包括的な見解を提示しているのは、政治学者のアンドリュー・ルダレヴィジである(Rudalevige 2002)。彼によれば、公務員試験合格といった資格任用に基づいて省庁に在職する官僚は、一方において所轄政策分野に関する知識を有し、先例や関連法規、さらには業界事情についても精通している。しかし他方では、これら組織として集積している情報によって政策判断には偏向が生じ、現状維持に向かいがちである。資格任用の官僚が同一組織に長期雇用されることも、この傾向を助長する。これと対照的に、政治任用者であるホワイトハウス・スタッフや一部の官僚は、一方において理論的な知識を豊富に持っているが、他方では当該政策の実情にはあまり通じていない。そして何より、政治任用者は基本的に政権をまたいで勤続する可能性が非常に低いため、短期間に目立った業績を挙げたいという欲求から、政策転換を図るという判断が行われやすい。

大統領は、政策立案に際して資格任用者と政治任用者のそれぞれが有する傾向を前提とし、それを利用しようとする。すなわち、政策の大きな転換を図りたいときには補佐官を筆頭とする政治任用者に政策立案を主導させ、現状維持的な政策が望ましいと考えているときには資格任用者である省庁官僚を中心とした立案に依拠する[★5]。これは政策分野ごとの差異を生み出すだけではなく、たとえば政権初期に従来の政策からの転換が図られた分野の場合には、転換後の政策が軌道に乗り始めると、省庁官僚が微修正を加えながら政策の継続を図っていくことが想定される。

この見解を日本の首相に置き換えて考えてみても、ほぼ同じ議論になるであろう。日本の場合、各省庁の幹部ポストに政治任用者はほとんど存在しない。しかし、内閣府や内閣官房に、それまで在籍していた省庁への復帰を前提とせずに出向する形(いわゆる「片道切符」)で在籍している官僚の場合、形式上は資格任用であっても、前任の省庁から内閣府や内閣官房への出向ないし転籍に関しては政治任用に近似した仕組みだと見なすことができる。そこで、内閣官房および内閣府に属する官僚をさしあたり政治任用者と同等だと考えると、政策転換を図りたいときには内閣官房および内閣府に属する官僚を活用し、継続を重視する場合には省庁官僚を活用する、ということができる。

補佐官政治仮説　補佐官政治とは、大統領が閣僚ではなく補佐官を重用した政策立案を行うことを意味する。アメリカにおいてホワイトハウスのスタッフ機構が整備され、補佐官が登用されるようになったのは、一九三〇年代にニューディール政策を進めたフランクリン・ローズヴェルト政権以降のことである。その後、スタッフ機構の整備が進むにつれて、閣僚との所轄業務の重複があるスタッフも多くなった。国務長官とほぼ重複する安全保障問題担当補佐官、商務長官と部分的に重複する通商代表などはその典型である。ほとんどの大統領は、そもそも上院の承認を経て任命されるため正統性も威信も高い閣僚を、政権初期には重用しようとする。しかし実際には、政権発足から時間が経つにつれ、次第に補佐官中心の政策立案に移行する傾向があるという（三輪 二〇〇三）。

この見解がどの程度の妥当性を持つかは、それ自体議論の余地がある。たとえば、ジョージ・W・ブッシュ政権（任期二〇〇一〜〇九年）において、一期目に安全保障問題担当補佐官を務めたコンドリーサ・ライスは、二期目には国務長官となった。しかし、そのことはライスがブッシュ政権の政策立案に関して担う役割が低減したことを示しているわけではなく、むしろより積極的な役割を期待して威信の高いポストを与えたと考える方が妥当であろう。同じようなパターンは、補佐官政治の代表例とされる、リチャード・ニクソン政権（任期一九六九〜七四年）のヘンリー・キッシンジャーにも見られた［★6］。

ただ、委任関係についての理論からは、アメリカにおいて補佐官政治になりやすいという主張を行うことにそれほどの違和感はない。政治学者であるカール・ストロームの整理によれば、大統領制における委任関係は複線的であり、代理人として委任を受けるアクター（官僚など）が複数の本人（委任元の政治家）を抱えていることも多い（Strøm 2003）。そして、複数の政治家からの委任を受けた官僚は、当然のことながら一人からの委任を受ける場合に比べて忠誠心は分散することになる。これは閣僚と補佐官の差異についてもいえる。指名承認を上院が行う閣僚の場合には、代理人としての閣僚にとっての本人は大統領と連邦議会（上院）の両方であると見なすことができる。補佐官の場合には、任用には連邦議会が全く関与しないため、一元的な委任関係によって大統領のみへの忠誠心を確保することができる。大統領から見れば、自分にのみ忠誠心をもってくれる補佐官の方が、閣僚より頼りになる存在であろう。したがって、政権初期には正統性への配慮から閣僚を中心にした政策立案を行っても、やがては補佐官中心に移行するのである。

この見解を日本の首相と省庁官僚、直属スタッフとの関係に援用してみよう。議院内閣制の場合には、理論上の委任関係は単線的であり、一人の官僚が複数の政治家の代理人になる可能性はない。その一方で、省庁官僚に対して直接的に委任を行うのは各省庁の大臣であり、首相から見ると、省庁官僚への委任は大臣を介した間接的な委任ということになる。間接的な委任の場合には、代理人の裁量範囲（エイジェンシー・スラック）は大きくなると考えられるから、それを望まない場合には直接的な委任ができる直属スタッフを使うはずである。ただ同時に、直属スタッフは大きな組織を背景とした省庁官僚に比して資源が少なく、かつ過去の実績もまだ十分ではないから、最初から全面的に依拠することは難しい。したがって、アメリカの補佐官の場合と同じように、積極的に使われるようになるとしても、それは政権初期ではないと考えられよう。すなわち、首相は政権初期には省庁官僚に依拠しようとするが、次第に首相補佐官や内閣官房・内閣府官僚ら直属スタッフ中心の政策立案へと移行する、と定式化することができる。

制度変化仮説　本書は全体として一九九〇年代に行われた選挙制度改革と内閣機能強化が日本政治に与えた影響は大きいことを確かめようとしているが、そこから導かれるのがこの仮説である。制度に関する理論は、制度変化の後には再び安定的な「制度均衡状態(structure-induced equilibrium)」が訪れ、相対的に長期にわたって同じ制度が維持される可能性が高いと考える。ある制度が採用されると、それによってアクターの利害関係には変化が生じる。新しい利害関係に基づいてアクターが合理的な行動を取るのであれば、他のアクターが何らかの追加的行動を取らない限り利害関係が変化しない状態となり、ここである制度をめぐるアクター間の関係は安定的になる。これが制度均衡であり、制度が存続しているのは均衡状態にあるためだと考えられる。だとすれば、再度の制度改革を目指して均衡を意図的に壊すアクターが登場しない限り、その制度をめぐる各アクターの行動には基本的に変化が生じないことになる。

このような理解を援用して、首相と省庁官僚、直属スタッフの関係について考えてみよう。首相が直属スタッフに依拠したいと思ったとしても、それを可能にする仕組みがなければ実現しない。具体的にいえば、日本において首相の直属スタッフと見なしうる任用が本格的に行えるようになったのは、一九九〇年代に行われた橋本行革が実施に移された二〇〇一年以降であり、それ以前と以後には大きな断絶が存在する。そして、直属スタッフへの依拠がいったん安定的に行われるようになると、その後は省庁官僚依存への回帰は生じない。この点において、制度変化仮説は他の諸仮説とは大きく異なる。すなわち、直面する政策課題の変化や首相交代があったとしても、直属スタッフと省庁官僚のそれぞれに対する依存のバランスは変わらないと考えるのである。言い換えるならば、制度改革が行われ、直属スタッフに依存する仕組みが安定すると、首相は常に省庁官僚よりも直属スタッフに依拠した政策立案を行う、ということになる。

3　首相動静データの分析

依拠するデータと分析方法

接触への注目　前節において述べてきた三つの仮説は、首相が官邸主導による政策の立案や決定を図っていくのはどのような場合なのかについて、それぞれ異なった考え方を提示していた。政策転換仮説は首相が政策転換に重点を置いているかどうかによって、補佐官政治仮説は政権の初期か後期かによって、そして制度改革仮説は首相に十分な資源が与えられているかどうかによって、官邸主導になるかどうかが決定づけられるとしていた。同時に、いずれの仮説も、首相が官邸の直属スタッフに依拠しながら政策を展開しようとする点に注目している。その意味では、行おうとしているのは影響力関係の検討、すなわち官邸の直属スタッフが政策過程においてどの程度の影響力を行使しているか、という問いを解く作業なのである。

先に述べたように、首相への頻繁なアクセスが可能である閣僚や与党執行部、および首相補佐官や内閣官房・内閣府の官僚ら直属スタッフが執政政治の主たる担い手になる状態を官邸主導だと定義すると、そこで想定される政策過程像は、首相を中心にしつつ一部の閣僚や直属スタッフによって構成されるネットワークが存在し、それが他のネットワークやアクターよりも大きな影響力を行使しているというものである[★7]。このネットワークを、仮に「官邸内ネットワーク」と呼んでおこう。従来ほとんどの官邸主導研究は、官邸内ネットワークがその外部にいるアクターと比べて大きな影響力を行使していることを、政策過程の事例研究などによって示してきた。それは一つの方法であり、官邸内ネットワークこそが現在の日本における執政政治の主たる担い手であることを明らかにしているといえよう。

これに対して、本章が関心を払うのは、なぜ官邸内ネットワークが執政政治の主たる担い手になる状態が生まれるのか、またそこでは首相の直属スタッフがどのような位置を占めているか、という点である。この問いに答えるためには、現在の官邸内ネットワークが外部アクターに比べて大きな影響力を行使していると論じるだけでは不十分である。むしろ、一つには過去の官邸内ネットワークがどの程度の影響力を有していたのか、もう一つには官邸内ネットワークにおいてとくに直属スタッフがどの程度の役割を果たしているのか、という二点が解明されねばならない。

とはいえ、官邸内ネットワークの具体的内実を明らかにし、そこでの影響力関係を把握することは、まさにそれがネットワークであるがゆえに容易ではない。すなわち、ネットワーク内部には一体性が存在すると考えられるが、それは同じ選好や主張を持ったアクターが集まっていることにより生じているもので、内部には影響力関係が出現しにくいのである。また、仮にネットワーク内部に影響力関係が存在するとしても、方法的な適切性を確保しつつ、それを析出することは困難であろう。

そこで本章では、影響力関係を直接に把握しようとするのではなく、アクター間の接触に注目した分析を行うことにしたい。基本的な考え方が似通ったアクター同士であれば、通常の影響力関係において想定されるような説得などが行われるとは考えにくく、むしろ情報交換などのための接触で十分だと思われる。また、影響力の行使があったかどうかを確かめることの難しさに比べて、接触は客観性の高い情報を確保しやすい。このように、ネットワーク内部でのアクター相互間の関係を明らかにするには、接触への注目にはむしろ利点がある。

接触データとしての首相動静　官邸内ネットワークを含む現代日本政治の主要アクター相互間の接触につい

ては、すでにいくつかのデータが示され、それに基づいた分析もなされてきた。恐らく最も大規模で長期にわたるデータセットは、村松岐夫が中心となって進められてきた政策アクター調査であろう[★8]。本書でも第四章では一部を利用するこの調査は、国会議員・官僚・利益団体を対象に、政策課題についての考え方やアクター間の影響力関係についての認識を尋ねるサーヴェイだが、その中にいくつか接触に関する質問項目がある。また、地方紙のなかには地元選出国会議員の行動を毎日掲載している場合があり、政治学者の濱本真輔(二〇〇五)はそれに基づいて、議員の行動パターンの変化を分析している。

むろん、これらのデータおよび従来の分析は、いずれも官邸内ネットワークのみに注目したものではない。とくに、官邸内ネットワークの中心にいるはずの首相に関しては、政策アクター調査において国会議員や官僚が首相とどのくらいの頻度で接触しているかを、他のアクターと並列する形で尋ねるにとどまる。それでもなお、こうした調査には大きな意味があり、近年では国会議員や官僚の接触パターンが変化してきたことが政策アクター調査のデータ分析を行う第四章でも示されることになるであろう。しかし、影響力関係が存在するかどうかは別にしても、現代日本政治においては、執政政治が官邸内ネットワークによって担われていることを明らかにし、そこに首相政治の変容を見出そうとする本章の関心からいえば、首相が官房長官や副長官、さらには補佐官をはじめとする直属スタッフとどの程度の頻度で接触しているか、長期継続的に収集されたデータを得る必要がある。

このような関心に適したデータとして本書が用いるのは、新聞政治面に掲載されている「首相動静」である。首相動静とは、文字通り首相がその日の何時何分にどこで誰に会ったかをまとめたもので、記事タイトルは微妙に異なっているものの、主要紙には一九七〇年代半ばから途切れることなく掲載されている。休刊日がある場合にも、その翌日の紙面において二日分の情報が掲載される。首相が他のアクターとどの程度の接触を行っているかを把握するためには、たいへん好適なデータといえるだろう。

ところが政治学においては首相動静を用いた分析はほとんどなされてこなかった。その大きな理由は、首相動静の記述に十分な信頼性がないと考えられてきたことに求められよう。小渕恵三が首相在任中の二〇〇〇年に脳梗塞で倒れて緊急入院した際、首相動静にそのことが一切載らなかったことはよく知られている。首相動静に載る面会などの情報は共同通信と時事通信の官邸担当記者(官邸番記者)が作成し、各紙に配信されているが、配信段階で脱落してしまった首相の面会記録や行動記録は、どの新聞にも載らないことになってしまう。そのため、首相サイドが隠しておきたいと考え、配信元である二つの通信社の官邸番記者が見つけ出せなかった接触情報については、一切出てこないと考えられている。

筆者も、首相サイドでの情報操作という問題が存在しない、あるいは完全に解消された、と考えているわけではない。しかし、不十分なものであったとしても、首相動静のすべてが虚偽のデータだというわけではない。仮に一部の接触が公表されていなかったとしても、長期間にわたるデータとして傾向を見出すために致命的な欠陥とはならないであろう。見方を変えると、この点はより積極的な意義として捉えることもできる。すなわち首相動静データは、首相がどのような人々を重視して政策判断を下しているかに関して、この小さな新聞記事に関心を寄せているであろう政治家や官僚に、首相側が意図を伝えようとするメッセージであり、首相の基本的な姿勢を端的に示すとも考えられるのである[★9]。

データセット　本章で用いたのは、中選挙区制下での自民党単独政権期である竹下・海部両首相の就任後一年間の接触データ、選挙制度改革と内閣機能強化が行われた後の自民党・公明党連立政権である森・小泉・安倍・福田・麻生という五人の首相の全在任期間の接触データ、さらに民主党を中心とした連立政権発足後の鳩山・菅両首相の全在任期間の接触データである。全在任期間と就任後一年間のみのデータが混在しているように見えるが、分析は区別して行う。また、安倍以降の各政権はほとんどが一年前後の存続期間に止まっているため、実質的には大きな差異はない。

首相動静記事の基礎データは通信社配信のものであるため、基本的にはどの新聞を使っても同じ情報が出ているはずだが、紙幅の都合などから、実際には新聞社ごとに多少の省略などが行われる場合がある。そこで、分析に当たっては同一の新聞を利用する方が望ましい。今回は縮刷版へのアクセスといった便宜上の理由から『朝日新聞』を利用した。なお、利用したのは誰と会ったかという面会者に関する情報のみである。首相動静欄には面会の開始時刻も書かれており、誰と長時間にわたって会ったかというのは重要な情報となりうるが、今回は利用を見送った。面会の終了時刻について記載がないことが多く、面会時間を不適切に計算する可能性が高いためである。面会の場所についても、たとえば料亭AとレストランBとホテルCではそれぞれどのような違いがあるのか、極めて文脈依存的な把握をするしかなく、それを長期間にわたって十分に行うだけの知識や情報が筆者にはないため、同じく利用しなかった[★10]。

分析は二つに分かれる。まず、竹下・海部・小泉・安倍の四人について就任後一年間のデータを検討する。この作業は、主として政策転換仮説に関係する。長期政権であった中曾根と小泉をそれぞれ受け継いだ竹下と安倍、短命政権に終わった宇野と森を受け継いだ海部と小泉では、後者の方が政策転換を志向するものと考えられる。政策転換仮説が妥当であれば、竹下や安倍は直属スタッフよりも与党一般議員や省庁官僚に依拠する程度が大きくなるはずである。また、四人の比較からは、部分的には制度変化仮説についても示唆を得られる。竹下と海部は選挙制度改革や内閣機能強化より前の首相であり、小泉と安倍は改革後の首相だからである。

しかし、この分析だけでは制度変化仮説はまだ十分に検証できるとまでは言えないし、補佐官政治仮説についてはほとんど手がかりが得られない。そこで、とくに補佐官政治仮説と制度変化仮説を対比させる意図から、森から菅までのすべての政権について全在任期間を対象とした分析を進める。選挙制度改革や内閣機能強化の後という制度的および時期的条件を共有する各首相の間にどのような共通性や差異があるのかを示すことができれば、官邸主導がどのような理由で生じるのかについての知見を得ることができるであろう。

なお、データの入力に際しては、首相動静欄に載った個人名ではなく、役職に注目した。すなわち、面会者を内閣・与党・野党・官僚・その他に大別し、内閣には官房長官・官房副長官(政務)・内閣府特命大臣・首相補佐官・その他の閣僚・副大臣・政務官を、与党には首相を出している政党の幹事長・政調会長・総務会長・執政部入りしていない所属議員、連立相手政党の所属議員(自民党から首相が出ている時期は公明党、民主党から首相が出ている時期は国民新党と社民党)を、野党には党首・幹事長・その他野党議員を、官僚には官房副長官(事務)・内閣情報官・内閣官房と内閣府の官僚・その他の省庁官僚を、その他には内閣特別顧問と内閣官房参与・マスメディア・財界・労組・地方政治家・その他有識者を含め、面会人数を入力した[★11]。その際、たとえば「さくらの女王」の表敬訪問のような、明らかに儀礼的な訪問者については集計から除く一方で、同時に複数の人物と面会している場合にはすべてを入力した。また、面会者が複数の肩書を持つ場合には、新聞記事記載のもののみをカウントした。

その上で、官房長官・官房副長官(政務)・内閣府特命大臣・首相補佐官を「執政中核部」、その他の閣僚・副大臣・政務官を「執政外延部」、首相を出している政党の幹事長・政調会長・総務会長を「自民党執行部」ないしは「民主党執行部」、官房副長官(事務)・内閣情報官・内閣官房と内閣府の官僚を「執政補佐部」として集約した。執政中核部、執政外延部、自民党執行部(民主党政権下では民主党執行部)が本書のいう執政中枢部であり、これに執政補佐部を合わせて、執政部と総称することができるだろう。これらのカテゴリに属する人々との面会がどの程度多いかが、本章の注目する官邸主導のあり方について決定的であるため、分析ではとくに注目することにした［★12］。

分析と知見

作業仮説　ここまでの議論を踏まえて、首相動静データに表れた首相と主要アクターとの接触頻度について、政策転換仮説、補佐官政治仮説、制度変化仮説のそれぞれからはどのように予測されるのか、具体的に作業仮説として提示してみよう。

まず「政策転換仮説」からは、短命政権の後を受けた首相は政策転換を志向することが予測される。そのため、制度的条件や政権の初期あるいは後期といった時期的な差異にかかわらず、彼らは執政中核部・執政外延部・執政補佐部・与党執行部からなる執政部を多用し、他のアクターと比べて執政部との接触頻度が多いであろう。「補佐官政治仮説」からは、政権運営に慣れてくるとともに、首相にのみ忠誠心を抱くアクターを重用するようになることが予測される。そのため、制度的条件にかかわらずどの首相の場合にも、就任直後よりも後半期の方が執政中核部や執政補佐部との接触頻度が増大するはずである。「制度変化仮説」からは、一九九〇年代の橋本行革による内閣機能強化で生じた執政部の拡大や資源充実は不可逆の変化であり、その後の首相はすべて執政部への依存を深める。このため、内閣機能強化より後の首相は、政策転換の意図や政権の初期や後期といった時期的な差異にかかわらず、執政部との接触頻度が多い状態で安定していると考えられる。

図3－1　竹下・海部・小泉・安倍の就任後1年間の面会割合…①

a）竹下

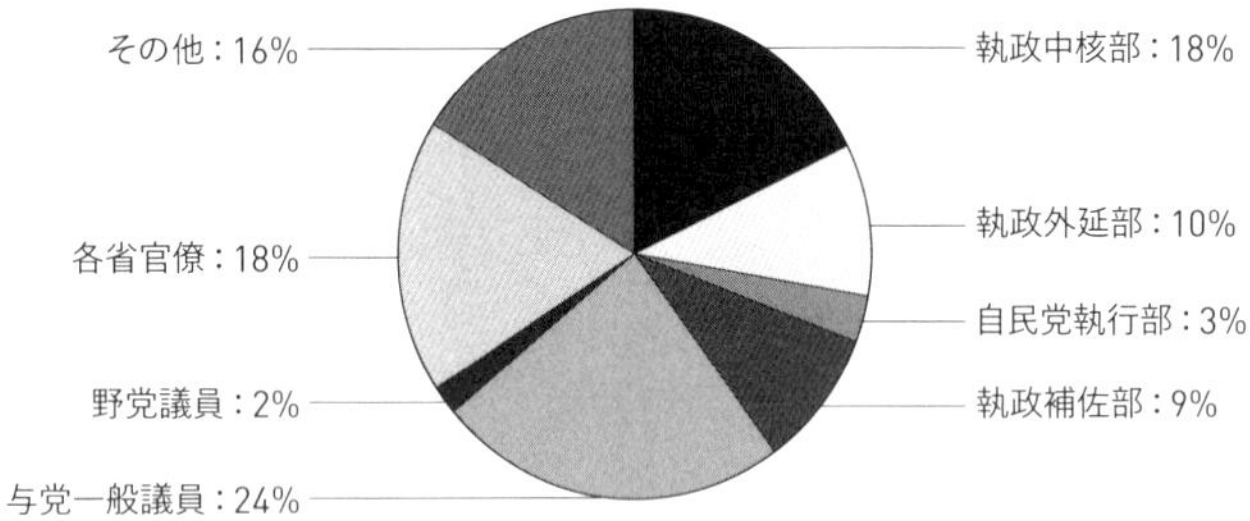

b）海部

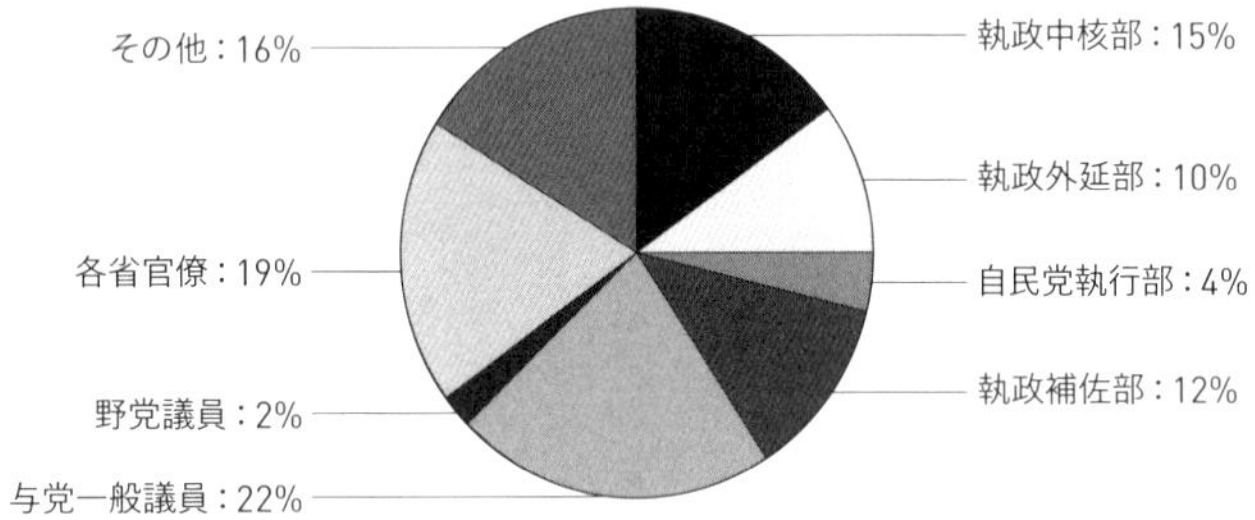

竹下・海部・小泉・安倍の比較

まず、これら四人の首相について、就任から一年間の接触割合を首相ごとに円グラフにしたのが図3－1のaからdである[★13]。竹下、海部と小泉、安倍で接触パターンが二分されていることが明らかであろう。すなわち、竹下と海部の場合には、執政中核部・外延部・自民党執行部・執政補佐部から構成される執政部との接触が占める割合は、面会者総数に対してともに四〇%程度であるのに対して、小泉と安倍はそれぞれ五六%と五五%に上昇している。逆に、「与党一般議員」カテゴリに含まれる、執政部に属していない与党議員との接触割合は、竹下

図3-1　竹下・海部・小泉・安倍の就任後1年間の面会割合…②

c）小泉

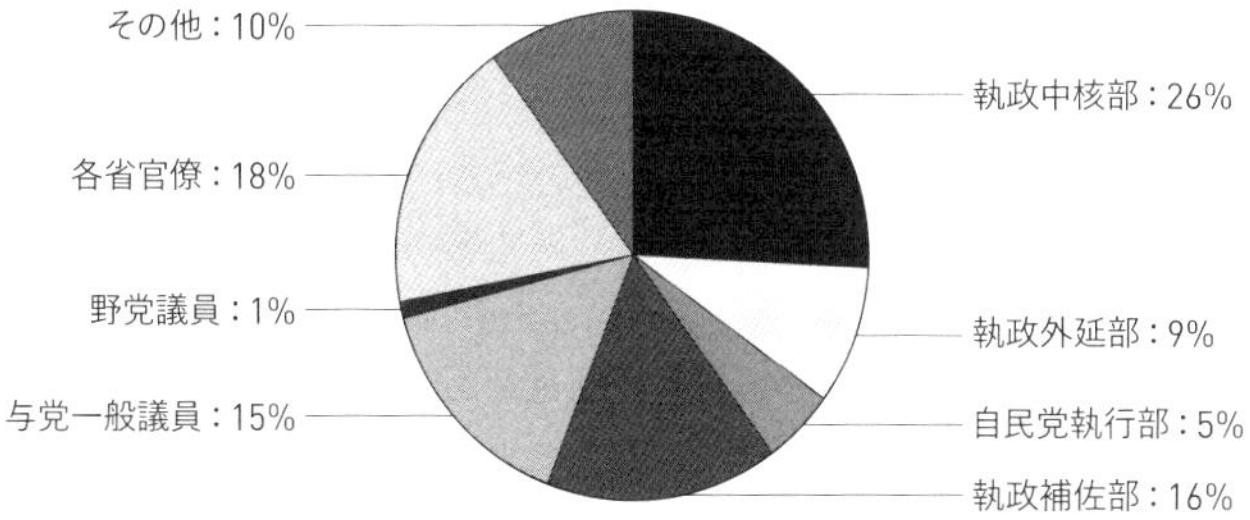

d）安倍

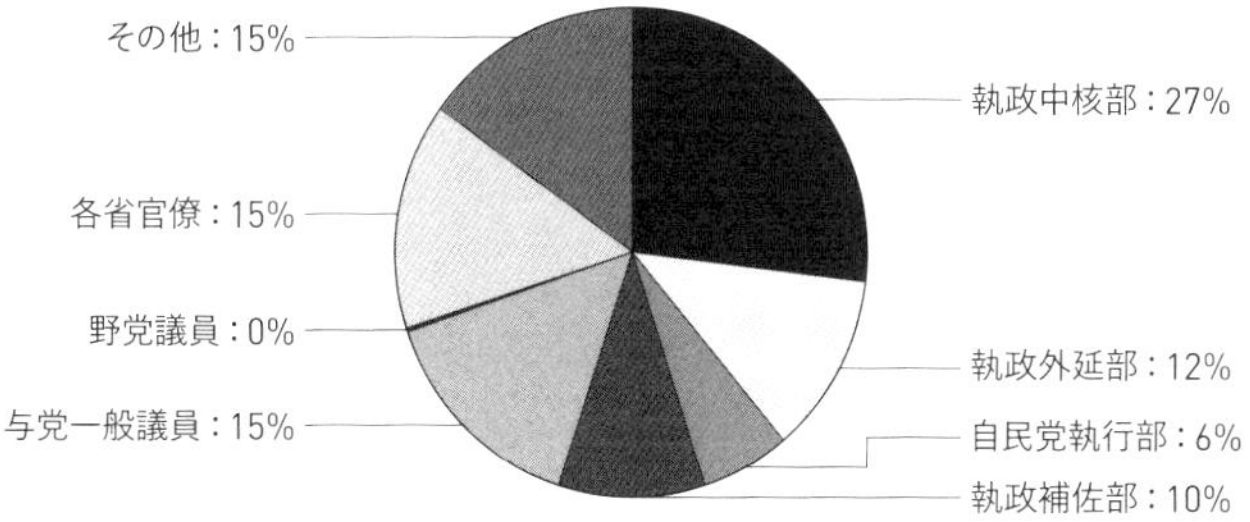

出典：筆者作成。

と海部は二〇%を超えているが、小泉と安倍は一五%程度しかない。「各省官僚」カテゴリに属する、内閣官房と内閣府以外の省庁官僚との接触比率は四首相ともほぼ同じである。以上の点から、竹下や海部に比べて、小泉と安倍は執政部との接触が大幅に増大したことが分かる。

接触比率の変化は、内閣機能強化によって執政部を構成するアクターそのものが増加したことの影響が大きいと考えられるが、それはまさに制度変化仮説が想定したところである。より詳細にデータを検討すると、このことはいっそう明らかになる。執政部の中でも、内閣機能強化や中央省庁再編に際し首相直属

図3-2　森・小泉・安倍・福田・麻生・鳩山・菅の全在任期間の面会割合…①

a-1）森（全期間）

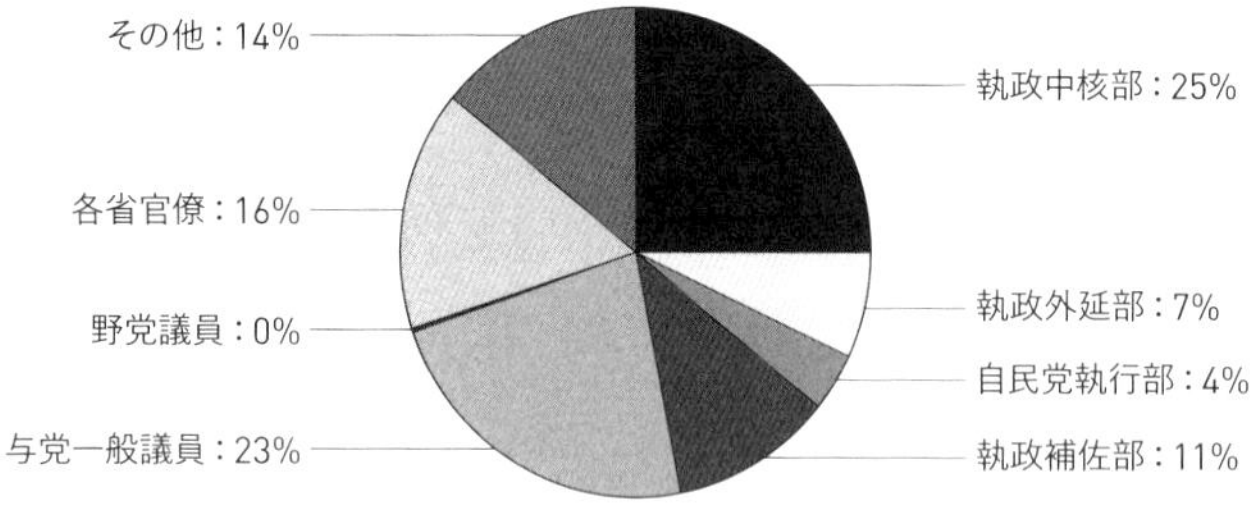

a-2）森（制度改革後）

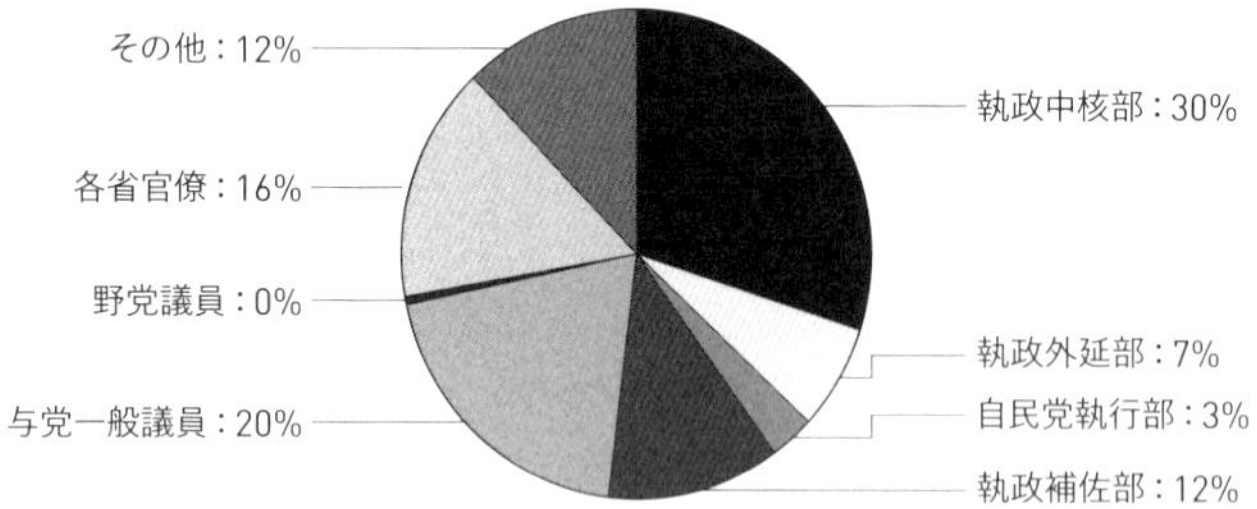

スタッフとして積極的な拡充が図られた内閣官房や新設の内閣府は、図3-1においては特命大臣が執政中核部に、官僚が執政補佐部に含まれている。小泉と安倍はともに執政中核部との接触頻度が高く、さらに小泉は執政補佐部とも高頻度で接触している。彼らが制度変化によって生じた人的資源を活用している姿が窺われる。総じて、図3-1に示されたデータは政策転換仮説よりも制度変化仮説により適合的な結果である。

改革後の首相比較　竹下・海部・小泉・安倍の首相就任後一年間についての検討から、政策転換よりも制度変化が面会パター

図3-2　森・小泉・安倍・福田・麻生・鳩山・菅の全在任期間の面会割合…②

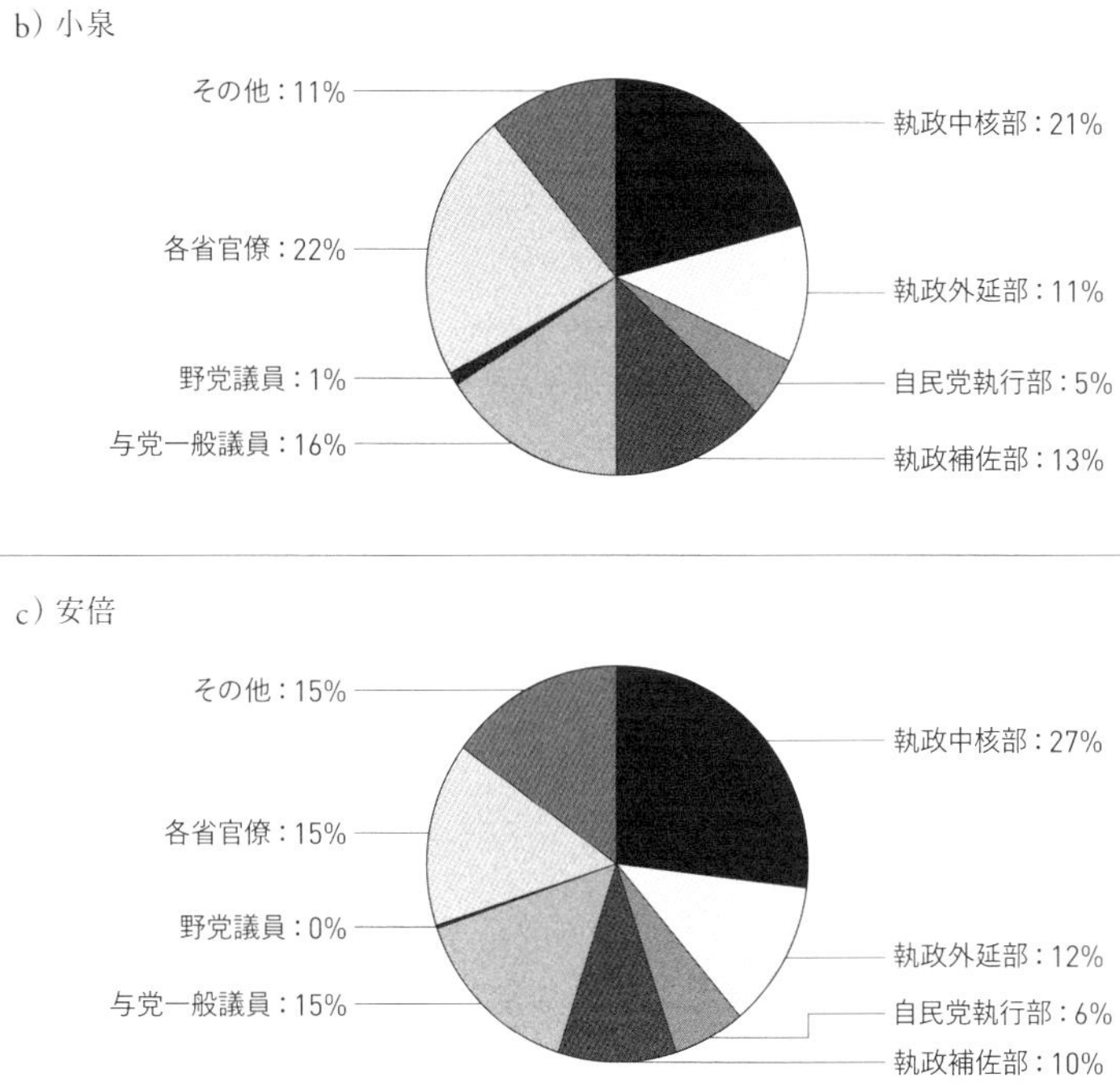

ンに大きな影響を与えていることが示唆された。しかし、小泉と安倍はいずれも「官邸主導」を積極的に進めようとした首相として知られており、これら二人のデータのみによって制度変化が決定的要因であったと断定することはできない。また、就任後一年間のみのデータによっては、本章の補佐官政治仮説において提示したように、政権が後半に入ると面会パターンが変化するという「補佐官政治」が日本でも生じている可能性までは排除しきれない。

　そこで、選挙制度改革と内閣機能強化が行われた後、すなわち森以降の各首相の全在任期間データを別途検討することに

図3-2　森・小泉・安倍・福田・麻生・鳩山・菅の全在任期間の面会割合…③

d）福田

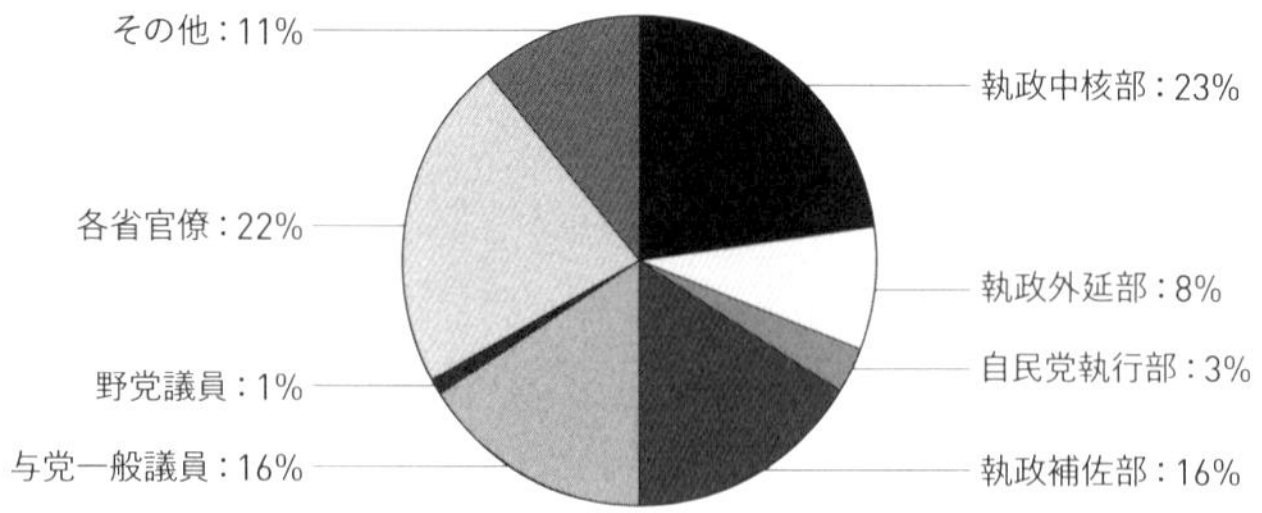

e）麻生

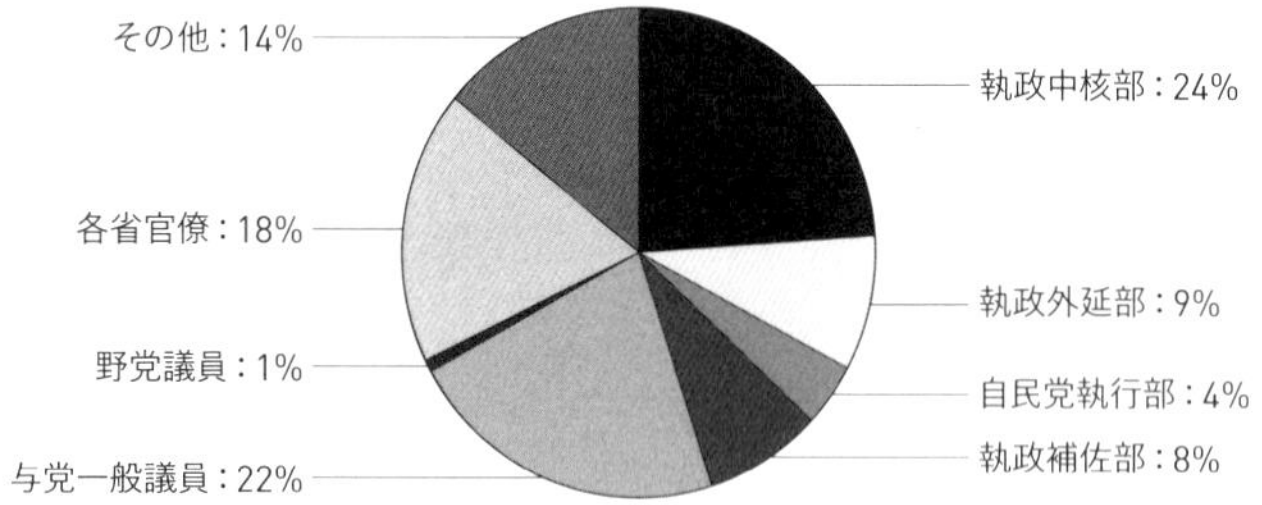

よって、制度変化が与えた影響を確認するとともに、補佐官政治仮説が成立するかどうかについて検討することにしよう。具体的な対象となる首相は、森・小泉・安倍・福田・麻生・鳩山・菅の七人である。二〇〇九年の政権交代後に民主党から就任した二人の首相を含んでいるため、政権交代がもたらした効果についても一定の知見を得ることができるだろう[★14]。

　まず図3-2は、七人の首相について、それぞれの全在任期間における面会データをグラフ化したものである。なお、森については内閣機能強化が在任中に実施に移されたため、改革後と全期間の両方についてグラ

図3-2　森・小泉・安倍・福田・麻生・鳩山・菅の全在任期間の面会割合…④

f）鳩山

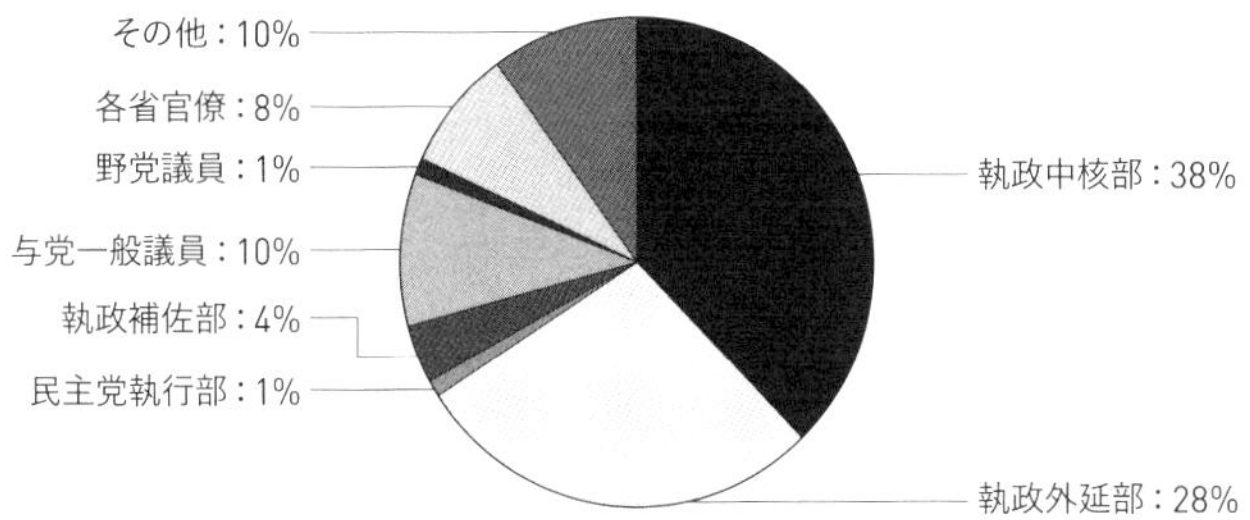

g）菅

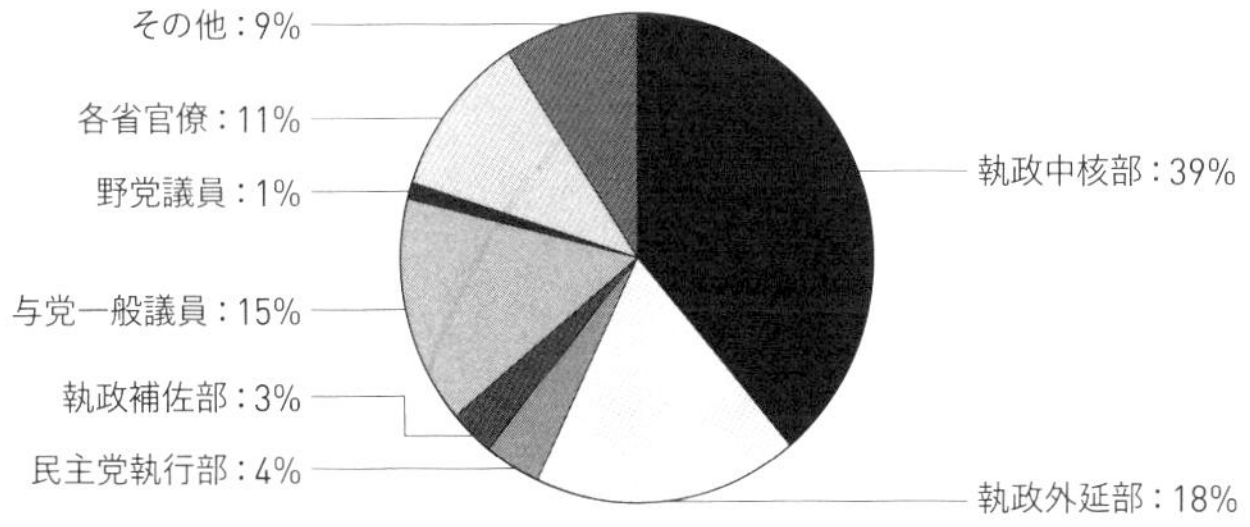

出典：筆者作成。

フを提示している。安倍に関しては、在任期間がほぼ一年間であったため、図3－1とほとんど同じものとなっている。福田と麻生もちょうど一年程度の在任であったため、図3－1と直接に比較することも可能である。

この図から少なくとも三つのことが指摘できる。第一には、二〇〇一年の制度改革後の各首相は、「官邸主導」に積極的であったか否かにかかわらず、執政部との面会割合は一貫して四〇％台半ば以上にまで達しており、高い水準で推移していることである。

たとえば、在任期間の関係で竹下や海部と直接の比較が可能である福田と麻生を取り上げて

図3-3　小泉の各年の面会割合…①

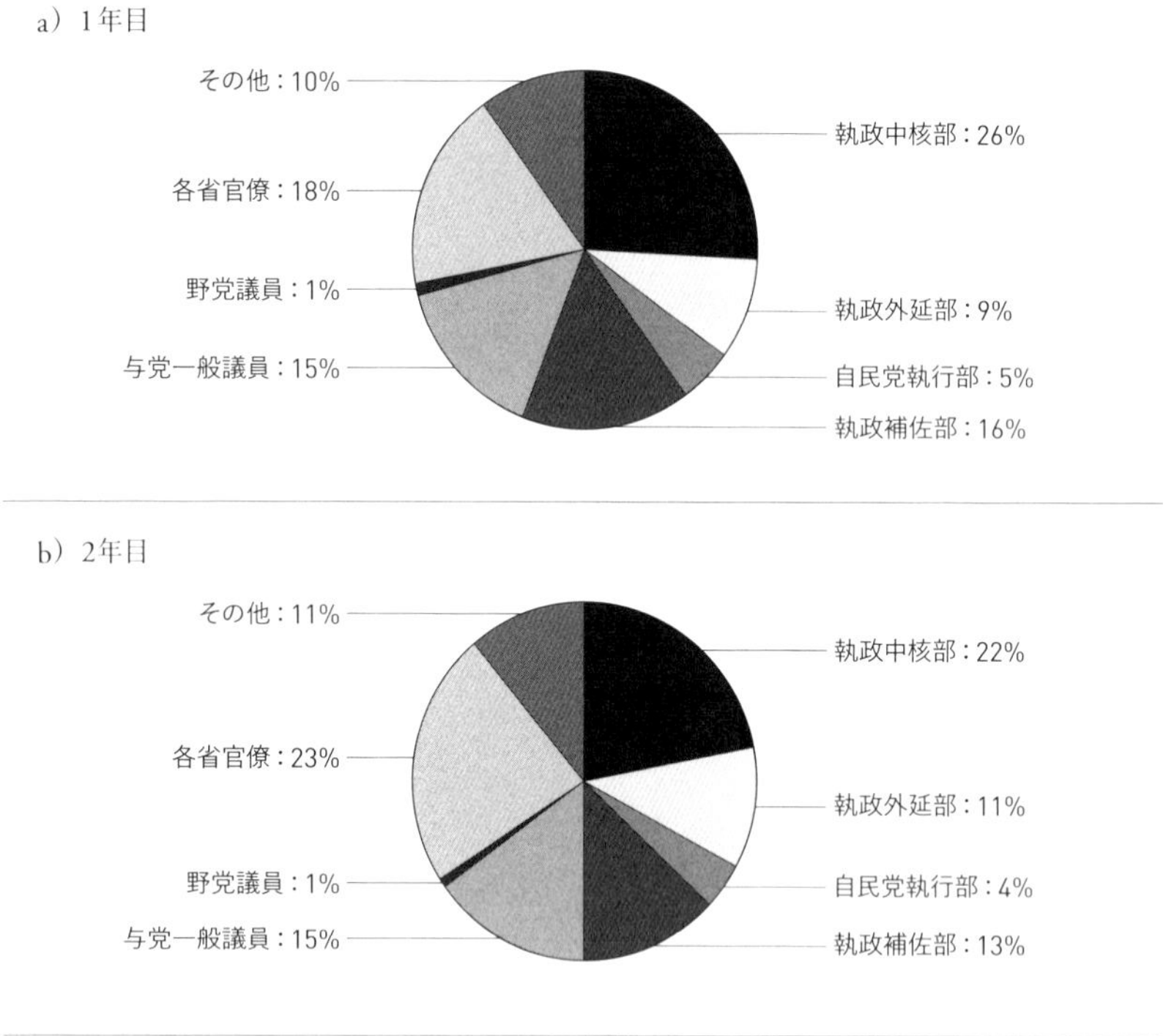

みよう。官邸主導を掲げた安倍政権が短命に終わったことへの反省や失望感もあり、福田や麻生には自民党の伝統的な意思決定パターンに回帰しようとする志向が見られたと指摘されることがある（読売新聞政治部 二〇〇八）。しかし、少なくとも面会データから見る限りでは、小泉政権期からの蓄積を全面的に転換しようとする姿勢は読み取ることができない。むしろ見出されるのは、全体として執政部を活用するという基本方針を維持しつつ、官房長官や首相補佐官に偏った安倍政権期の傾向を改めて、与党の一般議員や各省官僚にも首相へのアクセスを多少認めようとする姿勢で

図3-3　小泉の各年の面会割合…②

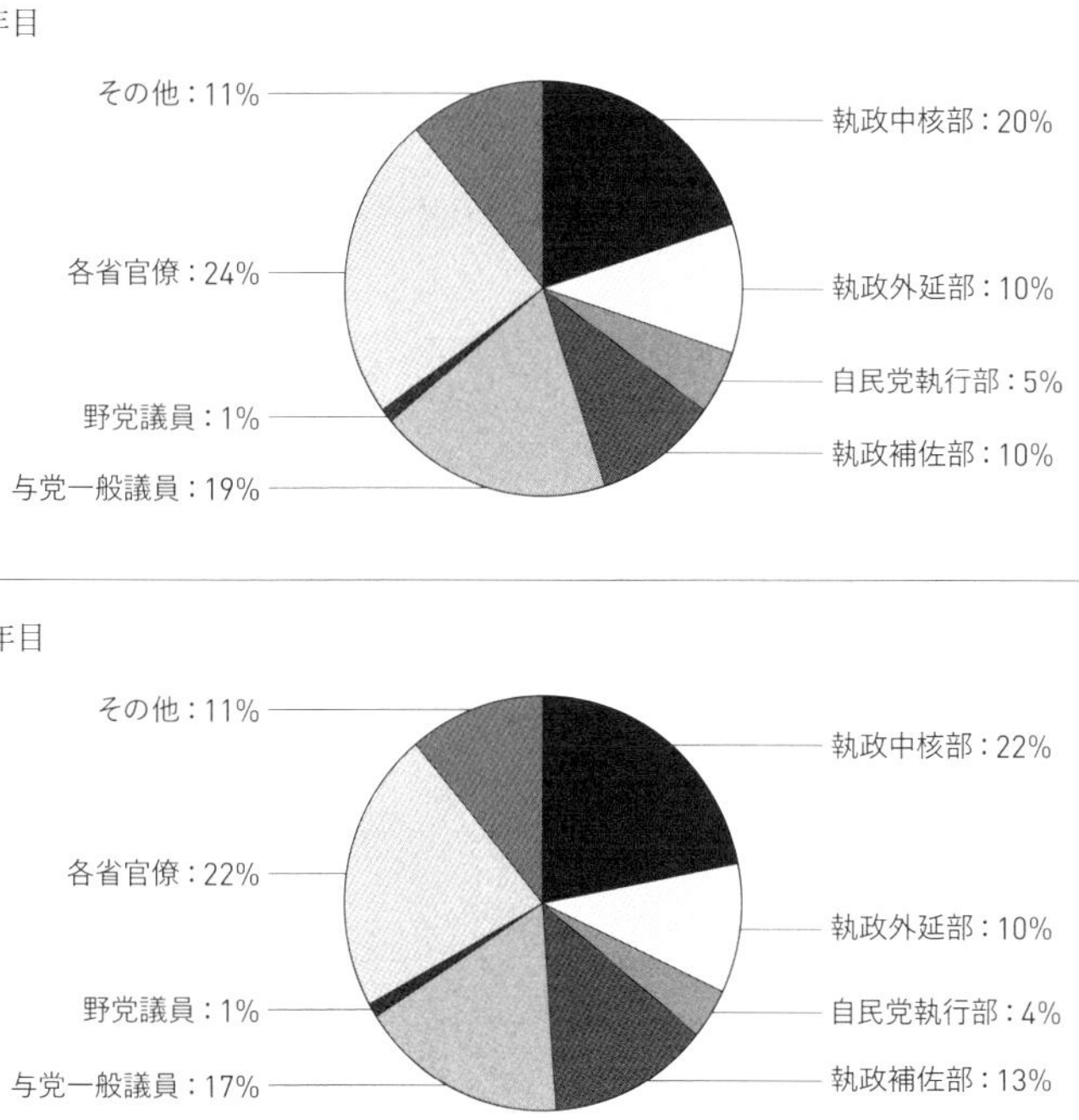

ある。

第二に、小泉のデータを就任後一年間から五年半の全在任期間に拡張しても、面会パターンに大きな変化は見られなかったことである。閣僚の長期在任が目立った小泉政権であったが、それでも数回の内閣改造は行っており、幹事長をはじめとする自民党執行部の交代もあった。にもかかわらず、面会パターンはほぼ一定に保たれている。補佐官政治仮説とは全く逆に、小泉政権は当初から官邸中心の運営が行われており、それは政権末まで続いたと考えるべきであろう。なお、この点について確認するために、小泉の年別データをグラフ化して図3-3に示

図3-3　小泉の各年の面会割合…③

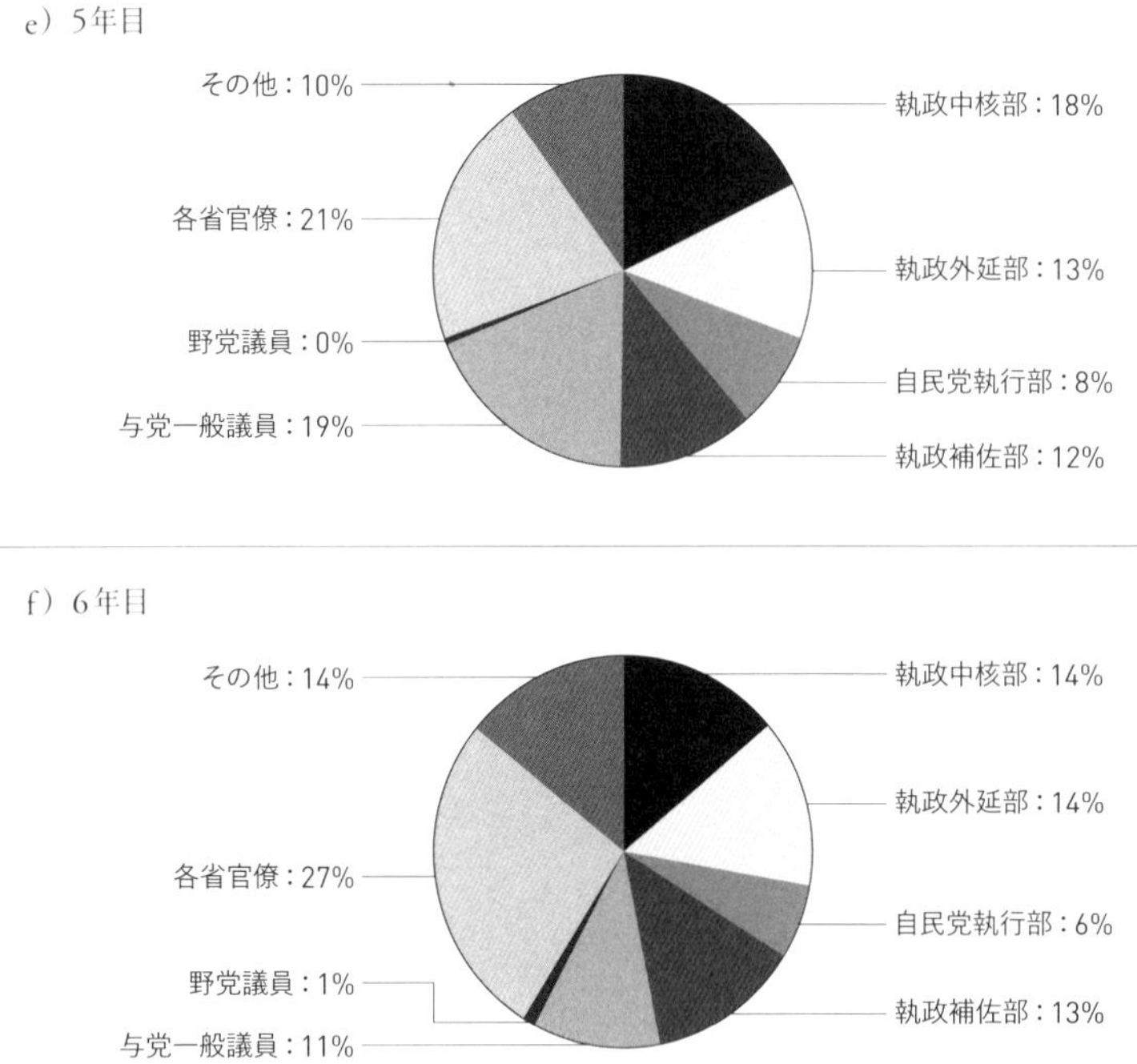

出典：筆者作成。

した。カテゴリごとの比率は安定しており、補佐官政治仮説が成立しないことは、この図からもいっそう明らかである。

再び図3－2に戻ろう。もう一つの注目すべき点は、政権交代後の変化である。鳩山と菅のいずれについても、執政部との面会割合は六〇%を大きく超えており、自民党の各首相には見られなかった傾向を示している。しかも鳩山の場合には、執政部の中でも中核部や外延部との面会割合が極めて高い。その一方で執政補佐部、すなわち事務の官房副長官や内閣官房・内閣府の官僚らとの面会割合は自民党各首相に比べて大きく減少しており、各省官僚とはほとんど面会していない。民主党が唱えた「政治主導」は「官僚排除」を、政策過程に関する「内閣・与党の一元化」は「与党一般議員の排除」を、それぞれ意味していたことが示唆される。ただし、このような特異なパターンは菅が首相になると少し変化し、自民党政権と近似する傾向も表れている。

これらの検討から、制度変化が面会パターンに変化をもたらすという仮説は妥当することが改めて明らかになった。選挙制度改革と内閣機能強化は、首相政治の基本構造を変化させた。そのことは、実際の政策過程にも影響を与えたであろう。これに対して、補佐官政治仮説は全く実証されなかった。大統領制を採用し、閣僚や政治任用官僚には上院の指名承認が必要なアメリカでは、大統領の選好をより直接に反映した人材登用が可能な補佐官に依拠する必要性が高いと考える余地がある。しかし議院内閣制である日本の場合には、閣僚中心から出発して補佐官中心に移行する理由がそもそも乏しいのである。

4 小括

ここまでの議論を要約しておこう。本章においては、小泉政権下でしばしば指摘された官邸主導とはいかなるものであり、なぜ成立したのかについて検討を加えてきた。官邸主導とは執政政治の主たる担い手が官邸内ネットワークと重なり合う状態であり、より具体的には、首相が政治任用を受けた補佐官などを含めた直属スタッフの支援を得ながら、閣僚と与党執行部を主たる基盤として行う政策決定や政権運営のあり方を指す。日本政治において官邸主導が多用されるようになった理由として、アメリカのホワイトハウス・スタッフに関する研究を参考にしつつ、政策転換仮説、補佐官政治仮説、そして制度変化仮説という三つを導くことができた。

　後半部分では、新聞各紙に掲載された「首相動静」欄を利用し、二つの作業を行った。まず、竹下・海部・小泉・安倍という四人の首相の就任から一年間の面会頻度を数量データ化することで、政策転換仮説と制度変化仮説のいずれが最も説明力があるかを検討した。政策転換仮説が有力であれば海部と小泉に執政部との接触が多く、制度変化仮説が有力であれば小泉と安倍の執政部との接触が多くなるであろう。検討の結果、少なくとも接触データからは、政策転換仮説よりも制度変化仮説が明らかに有力であることが示された。

　もう一つの作業は、補佐官政治仮説が成立するかどうかの検証である。具体的には、森・小泉・安倍・福田・麻生・鳩山・菅という七人の首相について、それぞれの全在任期間を対象として面会頻度を数量データ化した上で、在任期間の後半になるほど執政部を活用するようになるのかどうかを検討した。その結果、執政部との面会頻度が政権後半期に強まるという傾向はとくに観察されず、補佐官政治仮説は成立しないことが分かった。同時に、二〇〇九年の政権交代後の二人の首相には従来にない何らかの特徴があるのか、また七人の首相に共通する傾向があるのかについても考察を加えた。制度変化仮説に従えば、政権交代の影響が存在するにしても、執政部との面会頻度が多いという傾向の逆転はないはずだが、実際にデータからもこの予測は裏付けられた。

　これらの分析から、三つの仮説の中では制度変化仮説が最も妥当性があると判断できる。この仮説は、一九九〇年代後半以降の内閣機能強化が新しい制度均衡としての官邸主導を導くがゆえに、一度成立した後には継続する可能性が強いことを予測する。小泉と安倍の接触パターンが竹下や海部とは明らかに異なったものであること、また小泉に始まる執政部との接触頻度の増加傾向は政権交代後まで継続していることから、制度変化の効果は大きく、かつ持続的であることが確かめられる。官邸主導は制度変化によってもたらされたのである。

もちろん、執政部との面会頻度が増大するという近年の一般的傾向は、その内部にヴァリエーションがあることまで否定するわけではない。たとえば、官邸主導の「原型」となった小泉と、それをさらに積極的に進めようとした安倍、逆にあまり熱意を持たなかった福田や麻生では、与党一般議員や各省官僚との面会頻度が異なっている。とくに安倍は政務の官房副長官や首相補佐官との面会が多く、制度変革後の自民党では最も本格的に官邸主導を目指したことがデータからも分かる。また、政治主導や内閣・与党一元化を前面に掲げた鳩山については、与党一般議員や各省官僚とはほとんど会わないという、自民党各政権の官邸主導とは大きく異なった面会頻度が観察された。安倍や鳩山の場合に顕著に示されているように、首相が掲げた政権運営の方針は、意外なほど端的に面会データに表れている。

確かに、首相動静としてまとめられている面会データには、いくつもの制約があることは否定できない。とくに、データに表れてこない面会者の存在は、分析の信憑性に重大な影響を及ぼしかねない。実際のところ二〇〇二年に現在の首相官邸が完成してからは、旧官邸時代と比較しておおむね二割程度、面会者数が減少している。これは面会者の実数が減っているのではなく、新官邸内では記者の利用できるモニタテレビに映らないように官房長官や副長官が首相執務室に移動できるようになったことの影響であろう。一部の有識者なども、官房長官室から首相執務室に移動することで、記事にならない形で首相に面会しているともいう。しかし、こうした未確認の面会者がいるとしても、そのすべてが与党一般議員や各省官僚であるわけはなく、本章の知見を大きく揺るがすとはいえない。また、首相動静に載った面会頻度を首相側の意図を示すデータとして理解するならば、濃淡の差はあっても制度改革後の各首相はやはり首相中心の政策決定を標榜しており、改革の効果はやはり大きいと見ることができるだろう。

本章の分析からは、前章で中曾根と小泉の比較によって見出した、制度改革による議院内閣制のウェストミンスター化が、首相の面会相手の構成変化とも整合的であることが確かめられた。一九九〇年代の選挙制度改革と内閣機能強化が、首相に新しい政治的資源を与えるとともに、権力構造を変化させているという本書全体の主張に、また新たな根拠が加わったことになる。次章ではさらに、与党議員や官僚たちの立場から、この主張の当否を検討していくことにしたい。

註

＊本章の祖型になったのは、待鳥（二〇〇八ａ）である。全体について加筆修正を行い、後半部についてはデータを大幅に拡張した上ですべて再分析している。

★1——直後に述べるように、イギリス政治の文脈では、首相周辺のネットワークが政策過程を主導するという理解は、伝統的な首相専制論の再検討として登場してきた。その意味では、首相支配や「強い首相」という概念と、官邸主導という概念は異なったものと見るべきかもしれない。だが、日本政治をめぐる議論では、首相を含む執政中枢部が与党一般議員や官僚をリードしながら政策決定が進められることを一括して「強い首相」や官邸主導といった概念で指していると考えられるため、本書でもその理解に従った。

★2——上川（二〇一〇）は、この定義に加えて、「自らの意向を強く反映した政策」の決定と実施が「官邸主導」や「首相支配」といえるには必要だとする。政策の内容とその帰結に関心を持つ場合には確かにこのような定義が必要かもしれない。しかし、首相なり官邸なりが「主導」しているというとき、それは政策決定の帰結ではなく、決定の方法や過程および決定を支える権力基盤を主に指すのではないかと思われる。本書では意思決定の方法と過程、およびその基盤に主たる関心を寄せるため、より広い定義を行う。

★3――ただし、詳しくは第四章で論じるが、戦後日本の議院内閣制の特徴は与党一般議員と省庁官僚の直接的な結びつきにあったのだから、閣僚や与党執行部の存在感が大きくなることは、それ自体が変化の証でもある。

★4――筆者の見解については前章参照。現在多用されている「大統領的首相」という語には概念の混乱が見られ、それほど有益ではない。だがそのことは、首相研究に際して大統領研究を参照しないということとは全く異なる。

★5――なお、スコウロネク（Skowronek 1991）によれば、政策転換を積極的に図るか、現状維持が中心となるかは、その時点での制度配置の脆弱性の程度に依存する。

★6――ただし、その一方でニュースタッド（Neustadt 1990）は、大統領は補佐官に対してもやはり説得を行うしかないと指摘する。

★7――ここで「ネットワーク」という語を用いているが、かつてイシュー・ネットワーク論が鉄の三角形論を批判する際に主張した、構成メンバーなどの流動性はとくに含意していない。

★8――調査に基づく主な業績として、村松（一九八一）、村松・伊藤・辻中（一九八六）、村松・久米（二〇〇六）、村松（二〇一〇）などがある。

★9――この点は、官邸のセキュリティが厳格化され、記者の確認がモニタテレビのみによる方式に変わる一方で、モニタテレビに映らない形で官房長官室等から首相執務室に移動できるようになった新官邸について、いっそう強まったとされる。なお、このような理解については、飯尾潤氏よりご教示を賜った。

★10――こうした分析は、ジャーナリストと研究者の共同作業により実現する可能性がある。

★11――もとより、竹下や海部についてはそれぞれ当時の役職で分類し、与党から公明党を除くなどしている。後出する鳩山と菅についても、同様の対応を行った。

★12――民主党の場合、執行部に含めるべき役職は流動的だが、自民党との比較の必要性から、今回の分析においては幹事長と政調会長を「民主党執行部」とした。連立相手の政党に所属する議員との面会は多くが党首や幹事長だが、これらについては、いずれも小政党の幹部であること、連立相手といっても他党であって自党の執行部とは重要性が異なることを考慮して、「与党一般議員」のカテゴリに含めた。

★13――首相ごとの面会者総数をコントロールするために、実数ではなく比率を算出した。

★14――民主党の政権公約や基本的主張と面会パターンの関係については、別稿においてより詳細に検討予定である。

第四章 与党議員と官僚から見た首相

1 課題の設定

第II部の各章においては、一九九〇年代の選挙制度改革と内閣機能強化を受けて、日本の議院内閣制がどのように変容したのか、とりわけ「強い首相」がどの程度まで常態化したのかについて検討を進めてきた。第二章で論じたように、小泉純一郎は中曾根康弘のような「大統領的首相」とは違い、制度的基盤に依拠して首相権力を行使した。制度改革後の首相政治の変化、すなわち首相が閣僚や与党執行部、直属スタッフに依拠しながら自律的に意思決定を行おうとする傾向が今日まで継続していることは、第三章で明らかになった。これらの知見を踏まえ、本章において具体的に分析を進めようとするのは、選挙制度改革と内閣機能強化を受けて、首相をはじめとする執政中枢部に対して与党の国会議員と官僚が持つ認識がどのように変化しているのか、である。

ここまでの本書では、議院内閣制の多様性について断片的にしか説明してこなかった。議院内閣制の基本的特徴は、第二章において既に明らかにしたように、有権者・議会多数派(与党)・執政中枢部(内閣と与党執行部）・官僚の間に形成される委任関係が単線的であるところにあった（第二章〈図2-1〉を参照）［★1］。しかし、現実に存在する議院内閣制は決してひと括りにできるものではなく、各国にさまざまなヴァリエーションが存在する。広く行われているのは、イギリスを祖型とするウェストミンスター型と、イタリアやドイツを祖型とする欧州大陸型（大陸型、非ウェストミンスター型）の区分である（大山 二〇〇三、二〇一一、建林・曽我・待鳥 二〇〇八）［★2］。本章では、両者がどのような意味で異なっているのかについて、改めて委任関係の理論に立ち戻った考察を行いたい。

戦後日本政治が議院内閣制を明示的に採用した意味は、明治憲法体制における権力分立の統治構造が持つ弱点を克服するために、首相への権力集中を目指したところにある。そこで想定されていた議院内閣制は、ウェストミンスター型であっただろう（齋藤 二〇一〇）。しかし実際には、自民党が単独政権を続けていた時期には、とりわけ次の二点において、与党議員・執政中枢部・官僚の間の委任関係はウェストミンスター型とは異なっていた。一つには、与党議員たちは首相をはじめとする執政中枢部に広範な委任は行っておらず、独自の行動の余地を残していたことである。もう一つには、各省庁の官僚も首相や内閣からの指示で行動するというよりも、内閣の頭越しに与党議員が行う指示に従っていたことである。

より具体的にいえば、自民党議員は党内での政策決定に際して党執行部や内閣の方針に従うのではなく、族議員や派閥のメンバーとして自らの意向が政策に反映されるよう行動し、省庁官僚もまた族議員や派閥と一体になって、ときに首相の方針に反する政策さえ立案してきた。与党議員や官僚に独自行動の余地が残されるということは、執政中枢部が与党議員や官僚を統御できていないことを意味する。そこに存在するのは、戦後日本政治を語る際にしばしば指摘されてきた、自らの意向を政府運営に十分反映させることができない「弱い首相」の姿である。

これに対して、選挙制度改革によって与党内部における執行部の影響力(党首権力)を拡大し、内閣機能強化をはじめとする行政改革によって省庁官僚に対する首相の統御を強めるというのが、一九九〇年代以降の変革の意図であった。だとすれば、選挙制度改革と内閣機能強化の後には、日本の議院内閣制における委任関係の特徴は従来よりもウェストミンスター型に接近したはずである。つまり、他のアクターから自律的に、かつ積極的に権力を行使しようとする「強い首相」が日常的に登場するにつれて、与党議員と官僚から見た執政中枢部の姿にも変化が生じているのではないだろうか。これが本章の関心事である。

2 理論と仮説

議院内閣制の類型と委任構造

今日の比較政治学においては、議院内閣制が意外なまでに多様であることが認識されるようになっている。では、その多様性は議院内閣制における与党議員・執政中枢部・官僚の間に存在する委任関係に、どのような意味を持つのだろうか。その際に、首相を頂点とする執政中枢部は政治的主体としてどのような影響を及ぼすのであろうか。

これらの点についての検討が本格的に始まったのは、近年のことに属する。従来、研究が十分に進んでこなかった大きな理由としては、二つの点を指摘できるだろう。第一に、政治学における委任研究をリードしてきたアメリカが大統領制を採用しており、議院内閣制における委任の問題は、ウェストミンスター型を前提としてアメリカの大統領制と対比することを想定しているに過ぎなかった(cf. Huber and Shipan 2002)。第二に、議院内閣制に関してウェストミンスター型以外の特徴を体系的に把握する作業が遅れており、多くの場合に立法過程の叙述や分類論にとどまっていたことが指摘できる。議院内閣制の母国であるイギリスでは、自国の首相政治についてさまざまな研究が展開されてきたのだが、それゆえ各国ごとのヴァリエーションの存在を意識し、ウェストミンスター型を相対化する視点が十分ではなかった。

しかし今日では、ウェストミンスター型以外の議院内閣制も念頭に置きながら、与党議員・執政中枢部・官僚の間に存在する委任関係の特徴について考察を進める、優れた研究が登場している(Carey and Shugart 1998; Bergman, Muller, Strøm and Blomgren 2003)。まず、代表的な成果として、スウェーデンの政治学者トービョルン・バーグマンらのヨーロッパ議院内閣制諸国における委任の比較研究を取り上げることにしよう。

バーグマンらの議論においては、議院内閣制における委任は、有権者から議員、議員から内閣、閣内での首相から各大臣、および各大臣から官僚、という四つの要素から成り立つと考えられている。これら委任を構成する各要素のあり方を規定する要因にはさまざまなものがあるが、最も根底的な影響を及ぼすのが憲法である。憲法が、議会や内閣の権限のほか、二院制を採用するか否かについても規定するからである。また、もう一つの無視できない要因として、与党の一体性が挙げられる。議会政治が政党の存在を前提として行われる以上、与党がどの程度一体となって執政中枢部を支えるかによって、委任関係は大きく変わる。本書の関心である、与党議員・執政中枢部・官僚の間に存在する関係に引きつければ、与党がどの程度まで一体性を保ち、どの範囲まで執政中枢部への委任を行うか、また執政中枢部がどの範囲まで官僚に委任するかが、憲法体制と与党の一体性によって定められると考えられるのである。

議院内閣制の理解にとって委任構造が鍵となるのであれば、バーグマンらの指摘する委任の四要素の背景にある憲法体制と与党の一体性を組み合わせることで、ウェストミンスター型と欧州大陸型の違いも説明できると考えられる。

ウェストミンスター型議院内閣制の特徴は、憲法上は議会の権限が強大である一方、その権限のほとんどは与党一般議員から執政中枢部に委任されているところにある（Kam 2009）。しかも与党は一体性を保っているので、いったん委任がなされてしまえば、与党議員による造反は例外的にしか生じない。第三章で検討したように、閣内で首相が各閣僚を完全に統御しているかどうかについては、古典的なイギリス政治の理解では強力な首相の専権が主張されていたが、今日では執政中枢部が総体として権力を掌握していることが重視されるようになっている。

執政中枢部から官僚への委任については、省庁が大臣のみの監督下にあり、政治任用ポストも限定的であるところに、ウェストミンスター型の本来的な特徴がある。そのため、政権交代が常態化する場合には政治と行政の厳格な区分が生じる。省庁官僚はどの政党が与党になろうとも協働するという政治的中立性を旨とするが、与党は官僚が自らの味方でありつづけると見なすことはできない。したがって、執政中枢部が自らの判断によってとくに積極的な委任を行わない限り、執政中枢部と官僚の関係は疎遠になる。すなわち、一見したところ与党議員・執政中枢部・省庁官僚の間には直線的かつ単線的な委任関係が存在するようだが、実際には与党議員から執政中枢部への委任は広範囲で、執政中枢部から省庁官僚への委任は比較的限定されているのが、ウェストミンスター型議院内閣制なのである。

これに対して、欧州大陸型の議院内閣制の場合、連邦制が採用されて政府の権限や機能の一部が憲法レヴェルで州に委ねられているなど、中央政府の議会権限がそもそも制約を受けている場合が多い。さらに、与党は内閣に権限を委任せず、たとえば議会における議題設定（アジェンダ・セッティング）に際して独自の判断を行う余地を確保するといった方法で、内閣からの自律性を保つ傾向にある。比例代表制を全面的に採用して連立政権になることも多く、与党内部の一体性も低い。結果的に、内閣は法案を提出することはできても、その命運は議会での審議過程次第で大きく変わることになる（大山 二〇〇三、二〇一一）。

欧州大陸型における執政中枢部と省庁官僚の間の関係については、ウェストミンスター型ほど政官の分離が明瞭でないところに特徴がある。官僚になるためには公務員試験合格などの資格を必要とされる資格任用制が高位ポストにまで貫徹しているという意味では、政治任用制とは少し異なる。その一方で、資格任用者であっても高位ポストに就いた官僚が政治性を帯びることは容認しており、事実上の政治任用に近いことも行っている。高位の官僚とそれ以外の官僚をカテゴリーとして峻別し、前者については与党との密接な関係の下で活動することが期待されているのである［★3］。すなわち、与党議員と執政中枢部が疎遠である一方で、執政中枢部と省庁の高位官僚が一体となって政策過程で行動するところに、欧州大陸型議院内閣制における委任の特徴を求めることができる。

与党議員が行う委任

議会多数派である与党一般議員と執政中枢部の委任関係について異なる角度からの検討を行うのが、アメリカの政治学者ジョン・キャリーとマシュー・シューガートである（Carey and Shugart 1998）。

彼らは、執政中枢部と議会の間にどのような関係が成立した場合に、行政命令（デクレ）権が認められやすいかについて包括的に論じる。行政命令とは、社会や経済を統御するために議会の議決を経ずに行政部から出される命令で、非民主的な性格を持つために緊急時の手段である場合が多いが、国によってはその効力が長期にわたることもある。キャリーらは、緊急時とはいえないような場合に行政命令が使われる理由として、与党議員から見た、委任によって生じるコストと議会内での交渉コストの差異に注目する。

与党議員が自らの権限を執政中枢部に白紙委任して、行政命令が使われる可能性が高まるのは、大きく分けて二つの場合がある。一つは、委任を行ったとしても執政中枢部が与党議員の意思を完全に無視するような行動は取らないと確信できる場合である。このときには、与党議員と執政中枢部がそもそも同じような選好を持っており、白紙委任しても望まない行政命令が出される恐れは小さい。万が一望まない行政命令が出されれば、与党議員は執政中枢部の解任など何らかの制裁を科すことができる。もう一つは、委任を行わなければ政策過程が行き詰まってしまうほど議会内での政策決定が難しい場合である。これは、議会が執政中枢部の助力を得ずに政策決定を円滑に進めやすいかどうか、すなわち議会内での多数派がどの程度まで安定的に形成されるかに関わる。議会内の多数派が不安定で立法が難しい状態であるほど、執政中枢部への白紙委任が行われやすくなる。

これをより一般的な委任の問題として考えるならば、議会内の多数派である与党と執政中枢部の選好が合致している場合か、議会内での多数派形成が不安定で政策過程が行き詰まりかねない状況において、議会から執政中枢部への委任が最も行われやすい、ということができよう。逆に、与党と執政中枢部の選好の不一致が生じているか、議会内に安定した多数派が形成され円滑に立法が進められそうな場合には、委任範囲は小さくなると考えられる。

委任構造の多様性

ここまでの理論的検討から、議院内閣制における委任構造について、従来はあまり重視されてこなかったポイントが明らかになった。それを改めて示しておこう。

まず、同じ委任といっても、与党から執政中枢部への委任と執政中枢部から省庁官僚への委任は、分けて考えねばならないことである。直線的で単線的な委任関係自体はすべての議院内閣制において見られる現象であるとしても、それが省庁官僚への広範な委任に直結するかどうかは、ウェストミンスター型と欧州大陸型では大きく異なっている。

ウェストミンスター型議院内閣制では、執政中枢部と官僚が峻別される。このため与党議員が委任を行う場合には、執政中枢部への委任がまず行われる。執政中枢部は自らの判断により、省庁官僚への再委任を行うか、あるいは直属のスタッフ機構で処理するかを決める。省庁官僚に再委任が行われる場合にも、執政中枢部に対して官僚が自律的であることをあらかじめ織りこんで、官僚が大きな裁量範囲（エイジェンシー・スラック）を持つことを許容するか、あるいは執政中枢部が官僚の自律性を低下させるための手段を別途講じる必要が生じる。これに対して、欧州大陸型議院内閣制の下では、執政中枢部と高級官僚の一体化が進行して、高級官僚は与党の一部のように行動するようになる。このような場合には、高級官僚が与党の意向を無視して自律的に行動するとは考えにくいため、広範な委任が行われる。与党一般議員にとっては、執政中枢部というよりは省庁官僚に委任を行っているという認識を持ちやすい。

与党議員から執政中枢部への委任がどの程度行われるかについても、ウェストミンスター型と欧州大陸型は対照的であった。これは、政党システムが二大政党制か多党制か、また政党内部組織がどの程度の一体性を持っているかによって、執政中枢部への委任のあり方が違ってくるからである。

政党システムが二大政党制であり、それぞれが組織として強い一体性を有している場合には、執政中枢部への広範な委任が行われる。与党一般議員にとっては、自分たちと似た選好を持った議員を党首をはじめとする執行部に選んでいるのだから、執政中枢部に政策面での委任を行っても危険性は小さい。ウェストミンスター型議院内閣制は、その典型である。しかし、多くの欧州大陸型議院内閣制諸国のように多党制の下での連立政権である場合や、政党が組織的一体性を十分に持っていない場合には、与党一般議員から執政中枢部への委任はリスクが高まってしまうため、限定的にしか行われない。多党制の下で連立政権が恒常的に形成されているならば、党内での執行部選出過程でのチェックが他党出身の閣僚には及ばないため、内閣としての方針が統御できない可能性が強まる[★4]。政党の一体性が弱いときには、議会多数派自体が与野党の壁を越えて流動的に形成される傾向を持つため、長期的なコミットメントの発生を意味する執政中枢部への全面的な委任は行わないと考えられる[★5]。

旧日本型議院内閣制

では、日本の議院内閣制はどのように位置づけられるだろうか。委任構造という観点からは、一九九〇年代の選挙制度改革と内閣機能強化が行われる以前の日本の議院内閣制は、ウェストミンスター型と欧州大陸型の中間形態であったと考えられる。

一九九〇年代の諸改革以前の日本の議院内閣制の特徴は、中選挙区制の下で単独政権が継続し、その下で省庁官僚が自民党一般議員と協働して利害調整に乗り出すという融合現象が生じたところにあった。中選挙区制は一方において、有権者の意思を政党ごとの議席配分に変換する際には比例代表制に近い性質を持つ。そのために政党間の勢力関係は安定的であり、自民党が単独政権をいったん確立すると、党内での対立や競争はあっても、与野党の入れ替わりを伴う政権交代は起こりにくいことを意味していた。他方で、単独与党であった自民党は恒常的連立としての性格を持ち、同一選挙区から複数の候補が立つために、選挙運動は党

表4-1　議院内閣制の類型と委任

	基本的特徴	執政中枢部への委任	省庁官僚への委任
ウェストミンスター型	◦小選挙区制 ◦単独与党 ◦与野党の全面的交代を伴う政権交代が起こりやすい	◦与党一般議員が執政中枢部に従う形での選好一致があり、行われやすい(執政中枢部の存在感は大きい)	◦与党と高級官僚は分離 ◦両者の選好不一致が生じる可能性があり、限定的にしか行われない
欧州大陸型	◦比例代表制 ◦連立与党 ◦政権交代が起こっても与党を構成する政党の部分的入れ替え	◦与党一般議員と執政中枢部の選好不一致が生じやすいため、行われにくい	◦与党と高級官僚の融合 ◦両者の選好一致から、行われやすい
旧日本型	◦中選挙区制 ◦単独与党(恒常的連立) ◦政権交代の可能性低い	◦与党一般議員が執政中枢部に受け入れさせる形での選好一致があり、行われやすい(ただし、与党一般議員による執政中枢部の「乗っ取り」に近く、執政中枢部の存在はあまり意識されない)	◦与党と高級官僚は融合 ◦両者の選好一致から、行われやすい

出典：筆者作成。

執行部主導ではなく、派閥や候補者主導で行われる傾向が強かった(建林 二〇〇四)。

委任関係にも、これら中選挙区制の特性が反映していた。自民党一般議員と執政中枢部の関係についていえば、議員たちは自民党内部の政策過程、すなわち内閣提出法案の与党審査において自己利益の追求を図り、ボトムアップの意思決定によって一般議員の意向を執政中枢部に受け入れさせた。それにより選好が一致する状態を作り出し、党としては結束して法案の国会通過を図っていた[★6]。与党と省庁官僚の関係については、長期単独政権の下で両者の一体化が進行した。ここに、執政中枢部が独自の意思を介在させる余地が小さいまま、与党一般議員から省庁官僚への実質的な直接委任が行われる傾向が生じた。関係省庁と協働して政策立案を積極的に進める族議員の台頭は、そのことを物語る現象であった。

つまり、中選挙区制下で自民党が単独政権を継続していた時期については、ウェストミンスター型とも欧州大陸型とも異なる、旧日本型議院内閣制として捉えた方が良いであろう（表4－1参照）。

以上の議論に基づき、本章において検証されるべき仮説は、次の三つに集約される。第一に、中選挙区制時代の旧日本型議院内閣制の下では、自民党議員は、内閣と党執行部からなる執政中枢部の存在をほとんど意識せず、省庁官僚への委任を行っていた。官僚もまた、自分たちに委任を行うのは執政中枢部というよりも与党一般議員であると認識していた。第二に、小選挙区比例代表並立制の導入および内閣機能強化という制度変革の結果として、日本の議院内閣制がウェストミンスター化したことに伴い、与党議員と官僚は、委任関係の構築に際して執政中枢部の存在を意識するようになった。この点に関連した第三の仮説としては、執政中枢部の政治的意思が明確に存在するようになると、与党一般議員からの委任のすべてが、省庁官僚に再委任されるわけではなくなる。具体的には、省庁官僚への委任範囲を縮小しようとする動きが現れる。

3 サーヴェイ・データの分析

依拠するデータ

前節において提示した仮説を検証するため、以下では一九七〇年代から行われている政策エリートを対象としたサーヴェイ（体系的設問に基づくアンケート調査）のうち、複数回の国会議員調査に依拠して、委任関係の変容がどのように認識されているのかを明らかにすることにしたい。このエリート・サーヴェイは国会議員・官僚・利益団体を対象として七六年に村松岐夫が着手したものである。八〇年代および二〇〇〇年代初頭にそれぞれ第二回と第三回の調査が行われた[★7]。さらに二〇〇九年総選挙直後には、久米郁男が主査となり自民党の現・前職議員を対象とした調査も行われた[★8]。以下では、村松を主査とする三回の調査をそれぞれ「第×回政策アクター調査」ないしは「第×回国会議員調査」などと呼び、久米を主査とする調査を「早稲田調査」と呼ぶ。なお、村松による政策アクター調査と久米による早稲田調査は、質問文の重なり合いが乏しいため、結果を比較する際には注意を要する。

なお、三回にわたる政策アクター調査を使って、官僚の認識変化という観点から議院内閣制の変容を論じた先行研究としては、行政学者の笠京子が行った分析がある(笠 二〇〇六)。そのなかで彼女は、日本の議院内閣制がウェストミンスター型になったとした上で、それに整合的な影響力関係の変化と省庁官僚の役割認識の変化が見られることを指摘する。具体的には、影響力関係の変化は内閣が政策過程で果たす役割が大きくなってきたことから、省庁官僚の役割変化は政治家や利益団体との接触が減少傾向にあることから、それぞれ導かれている。確かにこれらはいずれも、本書においてたびたび指摘してきた、日本の議院内閣制がウェストミンスター型に接近していることと関係した変化だと考えられる。議院内閣制の本質に関する理論的な検討にはなお検討すべき点も残るが、笠の見解は全体として妥当であると思われる。

国会議員が執政中枢部や省庁官僚への委任をどのように捉えているかという、もう一方の問いについては、これまでほとんど論じられてきていない[★9]。ウェストミンスター化による委任構造の変容を把握するには、与党議員から執政中枢部への委任と、執政中枢部から官僚への委任が異質であることが示されるべきだが、そのためには与党議員側の認識も把握しておく必要がある。幸い、早稲田調査は二〇〇九年の政権交代直前の時期に焦点を合わせる形になっており、本書が重視する小泉政権期以降の変化を十分に追跡することが可能である。そこで本章においては、主として村松による政策アクター調査と久米による早稲田調査から与党議員の認識変化を解明することに重点を置くことにしよう。

委任構造の変容

質問項目と結果予測　まず、選挙制度改革や内閣機能強化といった一九九〇年代の制度変革に伴い、先に仮説として挙げたように、委任関係における執政中枢部の存在感が強まったかどうかについて、先行研究が利用していない項目を中心に検討を加えよう。委任関係の変容を直接的に示す質問項目は、残念ながら政策アクター調査にも早稲田調査にも存在しない。しかし近似した質問として、接触頻度と影響力関係について以下に挙げたものがある。委任とは自らの行使しうる権限を他者に付託して行使してもらうことを意味する以上、委任する側（本人）とされる側（代理人）の接触頻度は大きくなるはずだし、相互に影響力は大きいと認識し合うであろう。とくに官僚にとっては、接触頻度が多い外部アクターは政策を展開していく上で事実上の本人（委任する側）に近い存在だと認識されているであろう。

委任構造を検討する上で注目すべき質問は、政策アクター調査と早稲田調査の国会議員サーヴェイに、いずれもいくつか見出すことができる。各質問文は次のようになっている。

［第二回国会議員調査（一九八六〜八七年）］

「Q20　あなたは、各省庁や審議会、その他行政機関の担当者から、政策を作ったり執行する時に、相談を受けたり意見を求められたりすることがおありでしょうか。」↓以下、「相談と意見」質問と略記することがある。

「Q21　あなたは、ここ一年くらいの間に、各省庁やその他の行政機関に相談ごとをもちこんだり要求をもっていかれたことがおありでしょうか。」↓以下、「要求」質問と略記することがある。
「Q28　法案や予算についての事前相談（根まわし）についておたずねします。与党責任者からの相談はどの程度でしょうか。所轄官庁からの事前相談はどうでしょうか。それとも、そのようなことはあまりありませんか。過去1年くらいのあなたの場合でお答えください。」↓以下、「根回し」質問と略記することがある。

［第三回国会議員調査（二〇〇二年）］
「Q21　あなたは、各省庁や審議会、その他行政機関の担当者から、政策を作ったり執行する時に、相談を受けたり意見を求められたりすることがございますか。」
「Q22　あなたは、ここ一年くらいの間に、各省庁やその他の行政機関に相談ごとをもちこんだり要求をもっていかれたことがございましたか。」
「Q23　法案や予算についての事前相談（根まわし）についておたずねします。与党責任者からの相談はどの程度でしょうか。所轄官庁からの事前相談はどうでしょうか。それとも、そのようなことはあまりありませんでしたか。過去1年くらいのあなたの場合でお答えください。」

［早稲田調査（二〇〇九年）］
「Q8（1）麻生政権時代についてお伺いします。あなたは、次のA〜Oのような人や団体とどの位の頻度で接触されていましたか。当時の1年間を平均して下の尺度でお答えください。」
「Q8（2）また、接触の際、あなたから働きかける方が多かったですか、先方から働きかけてくる方が多かったですか。次の3つから1つをお選びください。接触がない項目は「4」に○をつけてください。」

「Q9（2）前の設問[最も頻繁に接触した省庁]でお答えいただいた省庁の中で、あなたは次のA～Fのような相手とどの位の頻度で接触されていましたか。1年を平均して下の尺度でお答えください。」

「Q9（3）また、接触の際、あなたから働きかける方が多かったですか、先方から働きかけてくる方が多かったですか。次の3つから1つをお選びください。接触がない項目は「4」に○をつけてください。」

政策アクター調査は、一九七〇年代に実施された第一回で委任に関わる質問をほとんど行っていないため、検討は第二回調査以降のデータに基づくこととする。早稲田調査の質問文は政策アクター調査と大きく異なり、解釈に慎重を要することは既に触れたとおりであるが、Q8（1）とQ9（2）が尋ねている接触の頻度を「相談と意見」質問に、執政中枢部や官僚からの接触を「根回し」質問に、与党議員から執政中枢部や官僚への接触を「要求」質問に、それぞれ該当すると見なすことは可能であろう。

国会議員を対象とした調査では、省庁官僚との直接的な関係が減退していることが見いだされると考えられる。したがって「相談と意見」「官僚からの根回し」については低下すると予測される。与党議員からの一方的な働きかけであるため、これら二項目ほどではないだろうが、接触頻度の低下に伴い、「要求」についても緩やかに低下するはずである。与党執行部からの根回しは、小選挙区比例代表並立制の下での執政中枢部権力の確立と与党内過程のトップダウンへの変化が生じているならば、やはり減少傾向にあろう。

回答と知見　接触の頻度と方向性に関係する、相談と意見および官僚からの根回しに関する回答を表4－2にまとめた。いずれもよく似た傾向を示しており、日本の議院内閣制がウェストミンスター化し、委任関係における執政中枢部の存在感が大きくなっているという本章の仮説を支持しているといってよい。

まず「相談と意見」質問について見よう。政策アクター調査の結果からは、省庁官僚と接触して相談や意見交換を行う機会が「たびたびある」や「非常にある」と回答する与党議員は明らかに減少する一方で、「かなりある」「ある程度ある」まで含めると同水準ないしは微増している。一見矛盾したこの結果は、一九八〇年代には「たびたび」接触して意見交換をしていた官僚と与党議員が、二〇〇〇年代に入ると「ある程度」接触する関係へと後退し、やや疎遠になったことを示唆する。

政策決定において執政中枢部の果たす役割が大きくなったとしても、与党議員と省庁官僚が直結するルートが短期間で完全に消滅するわけではない。むしろ、双方の時間的余裕を考えても、立案の初期段階で首相をはじめとする執政中枢部と接触するとは思えず、制度改革後にも与党一般議員と官僚の接触頻度は「たびたび」であるとしても不思議ではない。それが「ある程度」になっていることから、与党一般議員との接触頻度は想像以上に減少する傾向にあるとさえいえるかもしれない。

この点について補足的な情報を与えてくれるのが、早稲田調査の結果である。「相談と意見」に近似した「接触頻度」で見る限り、与党時代末期の自民党議員は、各省庁の局長級から課長補佐級の官僚との接触機会はそれなりにあったようにも見える。しかし、回答選択肢においては接触が「頻繁に＝1」から「ほとんどない＝5」の五段階尺度となっている。政策アクター調査に当てはめるならば二点が「かなりある」、三点が「ある程度ある」に相当する。したがって、局長級から課長補佐級の官僚との面会頻度も実は「かなりある」か「ある程度ある」の中間程度であり、事務次官まで含めた官僚となると平均値は三点に近くなって、

表4-2　委任構造に関する与党議員の認識…①

1）相談と意見

政策アクター調査

	第2回	第3回	
	自民党	自民党	与党全体
たびたびある	31.1	27.9	27.1
かなりある	36.1	29.5	32.9
ある程度ある	21.3	34.4	32.9
あまりない	9.8	6.6	5.7
ない	1.6	1.6	1.4

単位はパーセント

早稲田調査

質問番号	対象	平均値	該当なし、無回答
Q8s1_A	A　都道府県知事、行政幹部	3.17	1
Q8s1_B	B　市町村長、行政幹部	2.69	2
Q8s1_C	C　都道府県会議員	2.87	3
Q8s1_D	D　市町村会議員	2.71	2
Q8s1_E	E　選挙区民	1.83	2
Q8s1_F	F　種々の関連団体	2.63	5
Q8s1_G	G　自民党議員	1.47	4
Q8s1_H	H　公明党議員	3.22	2
Q8s1_I	I　民主党議員	4.23	4
Q8s1_J	J　社民党議員	4.72	5
Q8s1_K	K　共産党議員	4.76	5
Q8s1_L	L　その他の国会議員	4.37	6
Q8s1_M	M　首相	3.99	2
Q8s1_N	N　官房長官	3.80	1
Q8s1_O	O　内閣府（経済財政諮問会議等を含む）	3.75	7
Q9s2_A	A　各省庁の大臣	3.40	8
Q9s2_B	B　各省庁の副大臣、政務官	3.57	8
Q9s2_C	C　各省庁の事務次官	3.67	8
Q9s2_D	D　各省庁の局長級	2.63	9
Q9s2_E	E　各省庁の課長級	2.22	13
Q9s2_F	F　各省庁の課長補佐級	2.44	9

五段階尺度　1＝頻繁に、5＝ほとんどない

表4-2　委任構造に関する与党議員の認識…②

2a）根回し（執政中枢部などから）

政策アクター調査

	第2回	第3回	
	自民党	自民党	与党全体
非常にある	18.0	9.8	10.0
かなりある	26.2	26.2	28.6
ある程度ある	45.9	36.1	32.9
ほとんどない	6.6	21.3	18.6
まったくない	1.6	4.9	7.1
N.A.	1.6	1.6	2.9

単位はパーセント

早稲田調査

質問番号	対象	平均値	接触なし	無回答
Q8s2_A	A　都道府県知事、行政幹部	2.48	4	4
Q8s2_B	B　市町村長、行政幹部	2.35	1	4
Q8s2_C	C　都道府県会議員	2.21	2	3
Q8s2_D	D　市町村会議員	2.20	0	3
Q8s2_E	E　選挙区民	1.71	0	3
Q8s2_F	F　種々の関連団体	2.35	0	6
Q8s2_G	G　自民党議員	1.99	0	6
Q8s2_H	H　公明党議員	2.05	11	5
Q8s2_I	I　民主党議員	2.22	43	6
Q8s2_J	J　社民党議員	2.16	70	9
Q8s2_K	K　共産党議員	2.09	75	6
Q8s2_L	L　その他の国会議員	2.25	56	12
Q8s2_M	M　首相	1.75	27	6
Q8s2_N	N　官房長官	1.80	25	4
Q8s2_O	O　内閣府（経済財政諮問会議等を含む）	2.27	28	9

三段階尺度：1＝自分から、3＝先方から

表4-2　委任構造に関する与党議員の認識…③

2b）根回し（官僚から）

政策アクター調査

	第2回	第3回	
	自民党	自民党	与党全体
非常にある	37.7	31.1	30.0
かなりある	34.4	36.1	38.6
ある程度ある	26.2	31.1	30.0
ほとんどない	0.0	0.0	0.0
まったくない	0.0	1.6	1.4
N.A.	1.6	0.0	0.0

単位はパーセント

早稲田調査

質問番号	対象	平均値	接触なし	無回答
Q9s3_A	A 各省庁の大臣	1.57	15	13
Q9s3_B	B 各省庁の副大臣、政務官	1.78	16	14
Q9s3_C	C 各省庁の事務次官	2.06	20	12
Q9s3_D	D 各省庁の局長級	2.13	1	11
Q9s3_E	E 各省庁の課長級	2.27	2	11
Q9s3_F	F 各省庁の課長補佐級	2.35	4	12

三段階尺度：1＝自分から、3＝先方から

3）要求

	第2回	第3回	
	自民党	自民党	与党全体
非常にある	88.5	83.6	82.9
かなりある	11.5	16.4	17.1

単位はパーセント

出典：筆者作成。

やはり「ある程度」の面会頻度と見るのが適切である。官邸主導が注目された小泉政権期だけではなく、相対的に首相リーダーシップが弱いとされた麻生政権期であっても、与党議員と官僚の接触頻度は回復していないのである。

では「根回し」はどうだろうか。まず、与党議員に対する執政中枢部からの根回しは、明らかに減少傾向にある。自民党に限定すると、執政中枢部を含むと考えられる与党責任者からの根回しは、政策アクター調査の第二回と第三回を比べると「非常にある」がほぼ半減、「ある程度ある」が約一〇ポイント低下で、横ばいだった「かなりある」を含めても全体で二〇ポイント近く少なくなっている。執政中枢部にとって、与党一般議員は調整の対象ではなく、幹部が決めた方針に追従する存在だと考えられるようになったことが窺われる。自民党に比べて与党全体が上昇しているのは、連立相手である公明党には、当然ながら自民党執行部からの影響力行使は難しいため、事前調整が必要となることの表れである。

これに対し、省庁官僚から与党議員への根回しについては「非常にある」が与党議員全体で見ると七ポイント低下しており、若干の弱まりが見てとれる。しかし、「かなりある」「ある程度ある」まで合算すると一〇〇%近くに達するという状態にはほとんど変化がない。自民党単独政権の下で族議員などの活躍が顕著であった時代ほどではなく、やや疎遠になりつつあるが、それでも官僚は与党議員への根回しを続けていると理解すべきだろう。

官僚に対する与党議員からの働きかけも、緩やかにではあるが弱まる傾向が見られる。要求に関する質問は、日本の政治経済システム全般への好意的評価が強かった第二回と、利益誘導批判が顕著になった近年に行われた第三回ではやや文脈が異なり、結果の解釈に慎重さを要する項目である。それを前提にして考えても、極めて高い水準での要求が続いている反面、やはり与党議員も官僚との一体感の低下は認識しており、直接的な関係も弱まりつつあると見ることができる。そして両者の間には、執政中枢部がその存在感を拡大するという、ウェストミンスター型議院内閣制に特徴的な新しい委任構造が生まれているのである。

これらの点は早稲田調査からもおおむね確認することができる。接触の方向性について尋ねた質問への回答において、無回答を除くと、首相や官房長官といった執政中枢部とは「接触なし」とする与党議員は二割を大きく超えている。各省庁の大臣、副大臣や事務次官についても「接触なし」が二割前後に達しており、そもそも働きかけ合う関係そのものが成立していない場合が少なくない。一九八〇年代には、根回しと要求の双方について「ある程度ある」以上の頻度に達していたのが九割を超えていたのとは対照的である。働きかけの方向性については、接触頻度がそれなりに多くなる各省庁の局長級以下の官僚については三段階尺度の平均値が二点を超えており、「先方から」という回答が多数であることが分かる。このことから、官僚による根回しについては、二〇〇〇年代初頭の第三回政策アクター調査の時点と大きな変化がないと考えられる。

委任構造と影響力関係

早稲田調査においては、政策過程における影響力構造の認識について直接尋ねる質問が存在する。委任構造がウェストミンスター型に近づいているという本章の仮説が妥当であれば、一般議員から影響力を持つとして認識されるアクターに、首相をはじめとする執政中枢部が多く登場するはずである。

本来、このような変化は複数回の調査結果を比較せねば把握することができない。だが幸いにも、早稲田調査では直近の麻生内閣期について質問した後に、それが自分の初当選時とどのように変化したかについても尋ねている。議員はキャリアパスにおいてどのあたりにいるかによって認識が変化する。また、議員によっては一〇年以上前であろう初当選時についての記憶は、それを実際に経験したときに得た認識とは異なっている可能性もある。したがって、限界のあるデータであることは否定できないが、前項で検討した委任構造の変容についての傍証としては十分であろう。
対象となる質問項目は、以下の通りである。

［早稲田調査（二〇〇九年）］
「Q1（1）次のA～Lの個人・団体について、麻生政権時代の日本において、国の政策を決める場合の影響力を5段階で評価してください。（A～Lまでそれぞれ〇は1つ）」
「Q2（2）次のA～Lの個人・団体について、あなたが衆議院議員に初当選した当時の日本において、国の政策を決める場合の影響力を5段階で評価してください。なお、麻生政権時代と同じ項目は「6」に〇をつけてください。（A～Lまでそれぞれ〇は1つ）」

データは表4－3にまとめられている。まず、麻生政権の時期について与党議員が圧倒的に高い影響力を認めているのは、首相官邸と与党である。官僚、利益団体、マスメディアがそれに続くが、首相官邸と官僚の間には五段階尺度で〇・五ポイント以上の差があり、第二グループを形成していると見るべきだろう。その他の選択肢はいずれも「有力」と「有力でない」の中間よりも「有力でない」側に入っており、重要性を認められていないと解釈できる。官邸主導が重視されなかったとされる麻生政権の場合でさえも、与党議員にとって首相官邸の影響力は大きいと認識されていた。

表4-3　影響力関係についての与党議員の認識

1）麻生政権期

質問番号	アクター	平均値	無回答
Q1s1_A	首相官邸	1.73	0
Q1s1_B	政党（与党）	1.63	0
Q1s1_C	政党（野党）	4.10	1
Q1s1_D	行政官僚	2.24	0
Q1s1_E	裁判所	3.87	1
Q1s1_F	財界、大企業	2.81	0
Q1s1_G	労働組合	4.10	0
Q1s1_H	農業団体、医師会などの利益団体	2.64	0
Q1s1_I	マスコミ（新聞、テレビ等）	2.45	0
Q1s1_J	学者、知識人	3.08	1
Q1s1_K	宗教団体	3.60	1
Q1s1_L	市民運動・住民運動等	3.63	0

五段階尺度：1＝有力、5＝有力ではない

2）初当選期

質問番号	対象	平均値	麻生政権と同じ	非該当・無回答
Q2s2_A	首相官邸	1.46	21	44
Q2s2_B	政党（与党）	1.97	24	45
Q2s2_C	政党（野党）	4.00	36	45
Q2s2_D	行政官僚	2.64	34	45
Q2s2_E	裁判所	3.75	51	46
Q2s2_F	財界、大企業	2.29	37	46
Q2s2_G	労働組合	4.33	45	44
Q2s2_H	農業団体、医師会などの利益団体	3.25	35	45
Q2s2_I	マスコミ（新聞、テレビ等）	2.94	27	45
Q2s2_J	学者、知識人	2.78	30	47
Q2s2_K	宗教団体	3.30	39	45
Q2s2_L	市民運動・住民運動等	4.10	37	46

五段階尺度：1＝有力、5＝有力ではない

出典：筆者作成。

初当選時についての認識は、麻生政権期とは少し様相を異にする。いずれの選択肢についても麻生政権期と違わないとする回答者が二割以上いるため、そのことを割り引いて考える必要はあるが、首相官邸の影響力を麻生政権期より大きく、与党の影響力を小さく、それぞれ認識している与党議員が多いことが注目される。一見したところ、執政中枢部の影響力が後退していることを示唆するようにも思える結果だが、回答者の約半数に当たる五二人が小泉政権期の二〇〇三年、もしくは二〇〇五年に初当選していることを考慮すると十分に理解できる。麻生政権でも首相官邸の影響力は大きいが、小泉政権ではもっと大きかった、というのが与党議員たちの認識なのである。財界、大企業の影響力評価も初当選時の方が高いが、これも経済財政諮問会議をはじめとする小泉政権期の政策立案の中枢に、経済人が多数参画していたことを想起しての回答だと思われる。

官僚への委任

本章の最後の仮説、すなわち議院内閣制のウェストミンスター化に伴って執政中枢部の自律性が高まり、省庁官僚への委任が減少しているかどうかについても検討しておこう。この論点に関しては、官僚制の自律性の問題として行政学が長らく関心を払ってきたところであり、先行研究において村松（二〇〇五、二〇一〇）や真渕（二〇〇六）、笠（二〇〇六）が本格的な検討を加えている。

しかし、省庁官僚への委任について与党一般議員が持つ認識については、十分な議論がなされているわけではない。官僚側から見た委任や自律性の減少が、執政中枢部が決定する事柄の増大を意味しているのだとすれば、与党一般議員の立場から見ると、官僚が認識するほどには委任が減少している実感はない可能性がある。すなわち、与党議員としては誰かに決定を委ねていたとしても、その「誰か」が執政中枢部だとすれば、官僚が認識しているほどの委任量の減少は、与党議員には見いだされないかもしれない、ということである。

この点を、データを使って検討することにしよう。ただし、前項で論じた委任構造の場合とは異なり、早稲田調査には近似した質問が存在しないので、ここでは政策アクター調査にのみ依拠せざるを得ない。関係する質問項目として、次のようなものがある。

［第一回国会議員調査（一九七六～七七年）］

「Q8　行政の役割としては、次のようなものがあげられます。あなたは、今の行政が、一番時間を使って行っているのは、何だと思われますか。次の中から1つだけお選びください。」↓以下、「行政時間」質問と略記することがある。

「Q9　許認可業務や行政指導のような、裁量的な行政決定は、現在よりも増大した方が望ましいと思われますか。それとも減少した方が望ましいと思われますか。」↓以下、「行政裁量」質問と略記することがある。

「Q12　現在、法律原案の多くは行政官僚が作成していると思われますが、この点についてあなたのご意見に近いのは、次のうちどれでしょうか。」↓以下、「法案」質問と略記することがある。

［第二回国会議員調査（一九八六～八七年）］

「Q6　あなたは、国会議員の役割として、次のどれを重視すべきだと思われますか。重要な順に第2位まで順位をつけてお答えください。」↓以下、「行政監視」質問と略記することがある。

［第三回国会議員調査（二〇〇二年）］

「Q12　あなたは、国会議員の役割として、次のどれを重視すべきだと思われますか。重要な順に2つまであげてください。」

「Q18　行政の役割としては、次のようなものがあげられます。あなたは、今の行政が、一番時間を使って行っているのは、何だと思われますか。次の中から1つだけお選びください。」

「Q19　許認可業務や行政指導のような、裁量的な行政決定は、現在よりも増大した方が望ましいと思われますか。それとも減少した方が望ましいと思われますか。」

「Q20　現在、法律原案の多くは行政官僚が作成していると思われますが、この点についてあなたのご意見に近いのは、次のうちどれでしょうか。」

少々厄介なのは、第三回の国会議員調査について委任量のあり方に関する認識を示すと考えられる四項目のうち、第二回には行政監視のみが質問されており、残る三項目は第一回に行われていて、過去三回に共通した質問項目はないことである。そこで、ここについてのみ便宜的に、第一回と第二回をいずれも旧日本型議院内閣制の時期の調査として同一視し、第三回の結果と比較するという方法を採用することにした。

データは表4－4にまとめた。結論を先に言えば、全体として与党議員の官僚への視線にはあまり変化がない。まず「行政監視」については、与党議員は第二回と第三回のいずれでもそれほど熱心ではない。監視の必要性をあまり感じていないということであろう。しかし、第二回では回答比率がゼロだった「政府を批判したり行政を監視すること」という選択肢が、第三回では自民党議員で三・三％、与党全体でも二・九％選

表4-4 官僚への委任に関する与党議員の認識…①

1）行政監視

	第2回	第3回	
	自民党	自民党	与党全体
法律や政策をつくるための審議活動をすること	41.0	59.0	58.6
政府を批判したり行政を監視すること	0.0	3.3	2.9
国民の意見や要望を国政に反映させること	55.7	29.5	31.4
国の政策についての利害や意見を調整すること	1.6	4.9	4.3
N.A.	1.6	3.3	2.9

単位はパーセント

2）行政裁量

	第1回	第3回	
	自民党	自民党	与党全体
増大した方が望ましい	2.0	1.6	1.4
減少した方が望ましい	90.0	86.9	88.6
現状が望ましい	8.0	9.8	8.6
N.A.	0.0	1.6	1.4

単位はパーセント

ばれている。官僚との選好不一致を感じ始めた議員が少数ながら登場しつつあるとはいえよう。

行政裁量のあり方や法案準備のあり方、あるいは官僚の時間の使い方についても、それほど一九八〇年代までの調査と第三回調査の間に、大きな違いはないように思われる。ただし、これらの質問ではもともと、行政裁量を縮小すべき、法案は国会が原案作成すべき、あるいは官僚は政治的決定のための基礎作業をすべきという回答が非常に多かった。理想論として省庁官僚への委任を小さくしておきたいという考えは七〇年代から存在し、それが最近では与党議員と官僚の関係におけるその他の側面との整合性が強まったと見るべきなのか、あるいは旧日本型議院内閣制の絶頂期だったともいえる第二回調査においてはこれらの質問への回答も違っていたのか、判断がつきか

表4-4　官僚への委任に関する与党議員の認識…②

3) 法案準備

	第2回	第3回	
	自民党	自民党	与党全体
行政官僚に委ねておく方が能率的でよい	18.0	21.3	20.0
議会自ら原案を作成する方向にもっていくべきだ	72.0	62.3	65.7
内閣が複数(たとえば3種類)の案を国会に提出し、国会はそのうちから選択するようになればよい	6.0	14.8	12.9
その他	4.0	1.6	1.4

単位はパーセント

4) 行政時間

	第2回	第3回	
	自民党	自民党	与党全体
社会の利害や意見の対立を調整すること	24.0	23.0	21.4
重要な問題について調査・分析し、政治的決定のための基礎作業をすること	44.0	41.0	41.4
社会の構造や制度を望ましい方向に変えていくこと	8.0	8.2	8.6
国会や政党の意見を政策の立案や実施に反映させること	16.0	24.6	24.3
その他	4.0	3.3	4.3
N.A.	4.0	0.0	0.0

単位はパーセント

出典：筆者作成。

ねるところである。

しかしいずれにしても、ここまで行ってきた国会議員調査からの委任の範囲や量に関する検討を、先行研究が分析してきた官僚の認識と比較してみると、この点での変化について与党議員と官僚の間に大きなギャップが存在する側面があることが浮き彫りになる。たとえば、笠(二〇〇六)は三回の政策アクター調査による官僚サーヴェイの結果を使って、官僚自身の行政裁量に対する考え方が、一九八〇年代には「減少した方が望ましい」という回答が一三%に過ぎなかったのに、二〇〇一年には三〇%へと増大していることや、大臣が誰の意見を重視するかについての回答が、八〇年代には「上級公務員」が第一位（三六%）だったのに、二〇〇一年には「大臣自身」（七四%）へと変化したことを示している。

官僚は、大臣が関心を持つような省内の最重要事項についての決定で重視されなくなり、将来についてもそれが逆転するとは見ていない。委任によって生じた裁量を駆使し、自らの創意工夫で政策を展開していく、という自律的な官僚像は全く窺えない[★10]。これは、前項で論じた委任構造について、与党議員と官僚がほぼ同じような変化の認識を持っていることとは極めて対照的であった。

だが、与党議員と官僚が同じ事柄について異なった理解をしていると見るのは早計である。むしろ両者をあわせて考えると、国会すなわち与党議員からの委任量はそれほど変化がないにもかかわらず、官僚が認識する委任の受託量は減少傾向にあり、そこに執政中枢部が介在するという姿が現れるのではないだろうか。これは本書が全体として論じてきたように、日本の統治構造がウェストミンスター型議院内閣制に接近していることを示唆するものと考えられる。そして二〇〇九年の政権交代に際し、民主党が主張した「政治主導」あるいは「官僚内閣制の打破」といったキャッチフレーズが、既に現実に追いつかれていた、すなわち実際には政権交代後の改革の対象としては必ずしも大きな意味を持たなかったことも明らかになる。

4 小括

本章においては、一九九〇年代に行われた選挙制度改革や内閣機能強化に伴って生じた日本の議院内閣制の変容が、与党一般議員から執政中枢部、省庁官僚へと至る委任関係にとってどのような意味を持っていたのかについて、政策アクター調査と早稲田調査のデータに依拠しながら検討を加えてきた。議院内閣制について比較政治学が近年蓄積してきた理論の検討から導かれた仮説は、制度改革によって日本の議院内閣制がウェストミンスター化したことにより、以前は与党一般議員から省庁官僚へと直結していた委任構造が変化し、内閣と与党執行部からなる執政中枢部が存在感を強めているはずである、というものであった。

与党議員を対象とした調査に基づく分析は、おおむね仮説を支持するものであった。すなわち、与党一般議員と執政中枢部や官僚の接触頻度が概して低下し、委任から生じる官僚の裁量の範囲や量が縮小する一方で、影響力認識などにおいて首相を中心とした執政中枢部アクターが重視されるようになっていた。その傾向は、小泉政権初期の二〇〇一年に行われた第三回政策アクター調査の結果だけではなく、二〇〇九年の早稲田調査でもほとんど変わっておらず、変化が一時的なものではないことが確認された。先行研究において論じられてきた官僚の認識変化と、本章で得られた与党議員の認識変化にも大きな矛盾はなかった。つまり、執政中枢部の権力行使の影響を受ける与党一般議員の側からも、日本の議院内閣制の変容すなわちウェストミンスター化を確認することができた。

本章が依拠した政策アクター調査と早稲田調査は、いずれも二〇〇九年の政権交代前についてのサーヴェイである。こうした調査には多大な時間と費用を要することもあり、政権交代後の民主党を中心とした連立政権において、与党議員をはじめとする国会議員や官僚がどのような認識を持っているかについては、まだデータが得られていない。しかし、前章で検討した首相の面会データとの整合関係から考えるならば、小泉政権以降の変化の方向性を基本的に継承していると考えられる民主党政権の下でも、旧日本型からウェストミンスター型への議院内閣制の変化と、それに伴う委任構造や影響力関係の変容は継続していると考えられる。

註

★1――なお、本章においては行論が煩瑣になるのを避けるため、「与党」という語と、「与党議員」および「与党一般議員」という語を互換的に扱う。「官僚」と「省庁官僚」についても同様である。

★2――第二章で述べたように、議院内閣制のみならず執政制度には広範なヴァリエーションが存在しているのであり、ウェストミンスター型と欧州大陸型の二分法自体に限界があるともいえる。しかし、理念型として見た場合には有効な区分であり、本書の行論上も大きな支障は生じないので、以下では便宜上この区分に依拠する。

★3――ドイツでは、連邦官吏法によって「政治的官吏」に該当する高位ポストが定められており、政治的官吏については大臣の意向によって一時退職させることが認められている(村松 二〇〇八、第四章)。フランスについても同様で、国立行政学院(ENA)を修了して高級官僚になっている人材の中から、局長クラスが公務員身分を維持したまま大臣等の政治家の判断によって任用される(野中 二〇〇五、二〇一二)。これらの仕組みは、戦前日本の政党内閣期における「官僚の政治化」と近似している。明治憲法体制下の政党内閣は、権力分立と議院内閣制が重なり合った状態に近かったことは第一章で指摘したが、議院内閣制の区分としてはウェストミンスター型よりも欧州大陸型に近かったのである。

★4――アイルランドの政治学者マイケル・レイヴァーらがモデル化した「ポートフォリオ・アロケーション」は、この問題への対策として、連立を構成する政党のうち中央値(メディアン)の位置を占める政党に、当該政策分野を扱う閣僚ポストを与えることで、スクリーニング効果を大きくする手段だとも見なしうる。しかし、それが十分でないことは明らかであろう。ポートフォリオ・アロケーションについては、川人・吉野・平野・加藤(二〇一一)参照。

★5――ここでの「議会多数派」は「与党」と同じとは限らない。政党が一体性を欠いている状況下では、内閣を信任し支えている与党の一部が造反したり、野党が一時的に内閣の政策を支持することは頻繁に生じうる。

★6――これを与党一般議員と執政中枢部の選好一致という観点からいえば、ウェストミンスター型と同様の選好一致のケースに属する。しかし、ウェストミンスター型議院内閣制における選好一致は執政中枢部が主導するトップダウンであるのに対して、中選挙区制下の日本は与党一般議員が主導するボトムアップであるという大きな違いがある。

★7――調査実施時期等の詳細については、村松(二〇一〇)を参照。回答者総数に占める与党議員数(N)は、第一回国会議員調査が五〇人、第二回国会議員調査が六一人、第三回国会議員調査が六八人(うち自民党六一人、公明党七人)である。

★8――調査実施時期等の詳細については、建林・藤村(二〇一一)を参照。調査は郵送法と面接法を併用して行い、回答は一〇五人の自民党現職ないし前職の衆議院議員から得られた。しかし、うち一人は二〇〇九年総選挙で初当選した議員であったため、以下の分析からは除外している。したがって、早稲田調査のすべての表について、N=一〇四である。

★9――例外的な業績として、曽我(二〇〇八)は国会議員と各省庁との結びつきを政策アクター調査から分析しており、建林・藤村(二〇一一)は早稲田調査を中心に、自民党国会議員の影響力関係についての認識を分析している。

★10――同じく政策アクター調査の結果分析を行った真渕(二〇〇六)は、官僚が一九八〇年代の「調整型」から、現在では「吏員型」になっていると論じる。真渕によれば、政治家や社会との接点で積極的に利害調整を進め、それを政策に反映させようとするのが「調整型」であり、政治家の意思決定に従って自らの裁量を極力交えずに政策を実施するのが「吏員型」である。

第Ⅲ部

首相政治はどこに向かうのか

第五章　比較の中の首相政治

1　首相政治の現在

首相政治と制度

現代日本における首相政治の基本的な特徴、すなわち首相の権力はどのように行使されているのか、その基盤を形成している要因は何かを考えることが、本書に与えられた課題であった。

日本政治のトップリーダーが首相であり、首相が権力を行使して政策を決定し、官僚にそれを実施させていることは、一見自明に思われる。しかし、実際に日本政治を分析しようとすれば、そもそも首相を真のトップリーダーだと考えてよいのか、首相はどのような権力基盤に依拠して、いかなる方法で政策を決定しているのか、官僚を使うとはいかなることなのか、といった明らかにすべき難問が多数存在する。

現実の政治過程には多数のアクターが存在し、国際関係や社会・経済状況の影響を受けつつ、アクター間の相互作用を繰り返しながら政策が展開される。それは本質的に混沌としたもので、混沌のうちに優れた資質や見識を持った指導者が偶然登場したときにのみ、大きな政治的決断やその結果としての政策転換がなしうるものだという理解は決して非常識なものではない。むしろ、こうした理解の方が政治論の多数を占めているであろう。恐らくそこには相当程度の真理が含まれている。

だが、本書では政治過程が制度要因に最も強く規定されているという考え方をとって議論を進めてきた。これは、政治学において制度論あるいは制度分析と呼ばれるアプローチである。制度論は、政治過程が混沌としていることを全面的に否定しているわけでも、トップリーダーの資質や見識、あるいは歴史的に偶然作り出された要因や行われた選択が、無意味であると考えているわけでもない［★1］。政治過程には混沌として無秩序な部分があり、政治家の人格や能力によって違いが生み出されることも少なくない。過去の選択の影響からも逃れることはできないだろう。そうであってもなお、政治過程の基本的な枠組みを定め、特定のアクターに多くの法的権限や人材といった政治的資源を与える制度が存在することによって、政治には一定のパターンや因果関係を見出すことができると、制度論者は考えるのである。

あるいは、次のように言うこともできるだろう。優れた資質や見識を持った人材はこの地球上に大勢いるかもしれない。日本に限ってもそれは変わるところがない。しかし、政治指導者として実際の政策決定に関与することができるのは、そのうちのごく一部だけである。その選別基準を形成し、実際に資質や見識を使える状態を作り出すのが制度である。制度が存在することで誰が有能な政治指導者なのかが定まり、逆に政治指導者は制度に即することで実効性ある決定を効率的に行うことができる。

制度変革の意味

日本政治において誰が政治指導者になり、どのような権力基盤を持つのかについて規定する制度要因として本書が注目したのが、衆議院の選挙制度と議院内閣制のあり方であった。その歴史的な展開については、

第Ⅰ部で論じた。

戦後日本の政治は、憲法レヴェルで議院内閣制を採用することによって首相がトップリーダーであることと、首相の権力基盤を国会の多数派に求めることを定めた。日本国憲法は第四一条において国会を「国権の最高機関」と規定する。そのことにより、国会多数派の代表者、すなわちほとんどの場合には与党第一党の党首が首相となり、「国権の最高機関」からの委任を受けて政府を運営することで、首相が政策決定の主導権を握ることを想定していたと考えられる。

したがって、戦後日本政治において政治のトップリーダーとは、まず誰よりも首相であり、首相が任用する閣僚と与党執行部を含めて構成される「執政中枢部」が政治過程では主導的地位を占めるはずであった。ここで改めて確認しておくならば、本書では首相が頂点に立つ執政中枢部が行使する権力（首相権力）に関心を寄せ、政治過程における首相権力の行使あり方を「首相政治」と呼んできた。

ところが、第二次世界大戦後に成立した新しい憲法体制の下で、執政中枢部が持つ政治的資源は明治憲法体制期より増大したものの、なお十分とはいえなかった。主に選挙制度が執政中枢部の積極的な権力行使を妨げたのである。

国会の第一院である衆議院に多数派を形成するための選挙制度は中選挙区制で、一つの選挙区から三人から五人程度の当選者が出る。そこでは各候補者が有効投票総数の一五％から二〇％程度の低い得票率でも当選できる一方、衆議院の過半数獲得を目指す政党は同一選挙区から複数の候補を擁立して競争させることになる。各候補者は政党の看板よりも個人名で戦うことになり、自民党をはじめとする大政党であっても党首をはじめとする執行部の影響力は一般議員に十分には及ばなかった。また、いわゆる「縦割り行政」につながる分担管理原則によって、各省庁の官僚はあくまで各大臣の下に置かれ、首相が直轄的に統御することはできなかった。

これらの制約要因を取り除き、憲法が想定する議院内閣制により近づけようとしたのが、一九九〇年代の選挙制度改革と内閣機能強化であった。選挙制度改革による衆議院への小選挙区比例代表並立制の導入は、二大政党化を推し進めるとともに、政党内部において党首を中心とした執行部権力を強めるように作用した。内閣機能強化によって首相は、閣議の発議権をはじめ、閣僚とその下にいる各省官僚への指揮命令の権限を得るとともに、従来ほとんど得られなかった直属スタッフを、政治任用やそれに準じる形を含めて確保できるようになった（牧原 二〇〇九）。党首としての権力と首相としての権限や資源が重なりあうことで、日本の首相は従来よりも大きな影響力を持つアクターとなったのである。

以上の認識に基づき、本書が答えようとしたのは、選挙制度改革と内閣機能強化が日本の政治、より具体的には首相を頂点とする執政中枢部が行使しうる権力の基盤を、実際どのように変化させたのか、という問いであった。さらに広い文脈で言えば、本書は日本の首相政治がどのように位置づけられるのかに関して、歴史と理論の双方について比較の中から考えようとする試みであった。

実証分析の知見

首相政治のあり方をデータや具体的事例に沿って分析した第II部の各章からは、一九九〇年代の制度改革後の日本政治においては、首相が新しい権力基盤を確保するようになり、政治過程に参加する多くのアクターが新しい権力構造に対応した認識を持っていることが明らかになった。各章の知見を改めて要約しておこう。

第二章では、議院内閣制における首相の位置づけについて概念の整理を行い、とりわけ近年の比較政治学における首相分析で注目されるようになった「大統領的首相」という概念がいかなる現象を捉えようとしているのか、また現代日本の首相権力を論じる上でどのような意味があるのかについて検討を加えた。大統領的首相とは、マスメディアや世論の支持を追い風としながら、首相の権力行使に制約を加えようとするライヴァル政治家や官僚といった他のアクターを包囲する政治手法によって、意思決定に自らの方針を反映させやすくする首相であった。

大統領的首相の政治手法は、一方においてメディア対策や世論からの支持調達に長けた首相であれば比較的容易にとることができるが、他方で制度的基盤を持たないため永続させることは難しい。戦後日本政治で言えば、近年の首相の中で強いリーダーシップを発揮したとされる中曾根康弘と小泉純一郎を比較すると、自らも認めていたように中曾根は大統領的首相であった。しかし小泉の場合には、確かに世論やメディアを意識した政治的演出が行われたものの、権力行使の本質的な基盤は他の政治家や官僚が首相に加えうる制約を制度的に排除したところに求めることができる。その意味で、小泉は大統領的首相とは言い難い。むしろ、一九九〇年代の日本政治で取り組まれた改革により、ウェストミンスター型議院内閣制への傾斜を強めた制度構造を徹底して活用した首相だったと考えるべきなのである。

ここから、現代日本における首相政治の特徴は「議院内閣制のウェストミンスター化」と理解することができる。ウェストミンスター化とは、議院内閣制の中でも内閣と与党の一体性が強く、かつ、ひとたび首相を選任してからは与党一般議員が執政中枢部の意思に反した行動をとりにくい、イギリスを範型とするウェストミンスター型議院内閣制に近似した特徴を帯びることを指している。大陸ヨーロッパ諸国の議院内閣制(欧州大陸型議院内閣制)においては、比例代表制中心の選挙制度が多用され、連立政権が常態であるために内閣と与党の一体性は確保されにくい。このため、与党一般議員が内閣提出法案を議会で修正する機会を多く持っており、ウェストミンスター型とは異なった特徴を持つ。

戦後日本の場合には、憲法上はウェストミンスター型議院内閣制が想定されていたにもかかわらず、中選挙区制の影響によって与党一般議員の自律性が大きく、長らく内閣と与党の一体性確保は容易ではなかった。ウェストミンスター型議院内閣制と中選挙区制の間に存在する矛盾ないしはディレンマを解くために、国会での法案修正は極力行わない一方で、法案の準備段階において与党内で執政中枢部と一般議員の徹底した擦り合わせが行われるという特徴を持つことになった。結果的に日本政治は、与党内におけるボトムアップの合意形成には徹底して時間をかけるが、国会審議は著しく形骸化するという、ウェストミンスター型と欧州大陸型の中間的性格を持つ議院内閣制となった[★2]。それが、近年の改革によってウェストミンスター型との近似性をいっそう高めたのである。

議院内閣制のウェストミンスター化が日本政治に生じていることを前提として、続く第三章と第四章で進められたのは、首相と周辺にいる他のアクターの関係がどのように変化しているかを分析することにより、今日の首相の権力基盤を解明するという作業であった。

第三章では、首相が誰と面会しているかについてのデータを分析することで、ウェストミンスター化によってトップダウンの意思決定が可能になるという条件の出現が、首相への各アクターの距離関係をいかに変化させたのかを論じた。新聞等に掲載される「首相動静」データからは、選挙制度改革と内閣機能強化が行われる以前の首相たちに比べて、小泉以降の首相たちの面会パターンが明らかに変化していることが明らかになった。すなわち、いわゆる族議員たちを多数含んでいたと考えられる与党の一般議員や、内閣官房と内閣府という首相を直接的にサポートする組織に属する以外の官僚は、制度変革前に比べて大きく面会割合を減らしている。首相は、官房長官や内閣府特命大臣をはじめとする執政中枢部、および彼らの下で政策立案を担う直属スタッフである内閣官房と内閣府の官僚を中心とした意思決定を行うようになったのである。この傾向は、小泉が退任した後の三人の自民党の首相たち、および二〇〇九年の政権交代後の鳩山由紀夫と菅直人の場合にも大きな変化はなかった。具体的な政策決定における賢明さや適切さとは別の問題として、少なくとも菅政権までのデータからは、日本政治における意思決定構造が不可逆的に変容したことが見てとれる。

同じ論点について、与党の一般議員や官僚の認識から考察を進めたのが第四章であった。村松岐夫が中心となって一九七〇年代から二〇〇二年までに三回行われた政策アクター調査、および二〇〇九年の政権交代直後に久米郁男を主査として行われた早稲田調査の結果に依拠しながら、与党議員が意思決定構造の変化をどのように認識しているかについて分析した。また、先行研究の紹介を通じて官僚の認識についても考察した。

その結果、自民党が安定政権を維持していた時期に特徴的に見られた、与党一般議員と官僚の直接的で密接な結びつきによる意思決定が、二〇〇〇年以降の調査では重視されなくなっていることが明らかになった。代わって台頭してきたのが、首相をはじめとする執政中枢部が主導する意思決定であった。そこでは、与党一般議員が政策の立案や決定に参画する余地が狭まる一方で、官僚に与えられる裁量も縮小傾向にある。調査は頻繁に実施することができないため、得られる知見はどうしても実施時点におけるスナップショットにとどまる。とりわけ、現時点では民主党政権発足後のデータがないという大きな制約はある。しかし、第四章で明らかになったことは第二章や第三章の知見とも整合的であることから、やはり日本政治において議院内閣制のウェストミンスター化が生じて、意思決定構造が変化したことは確かであろう。

政権交代の意味

首相政治の変容、すなわち議院内閣制のウェストミンスター化は、二〇〇九年の政権交代によってもその歩みを止めていない。第三章における首相の面会データの検討は、本書第Ⅱ部の実証分析の中で唯一体系的に民主党政権期のデータを提示したものだが、そこで明らかになったのは、鳩山政権や菅政権では自民党の各政権以上に首相の面会者に偏りが見られることであり、その偏りは官邸主導を強める方向に生じていることであった。「首相動静」に表れた面会データは、とくに二〇〇二年に現在の官邸が竣工してからは、官房長官室から首相執務室への通路を使って、首相と外部有識者らが報道陣に気づかれずに面会することが可能になったこともあり、実態というよりも首相側の意図を示しているに過ぎないかもしれない。しかし、そうであったとしても、とりわけ民主党の各政権に首相の積極的な権力行使を伴う官邸主導の政策決定を放棄する意思がないことは間違いがない。制度変革の影響は、政権与党の交代を超えて及んでいるのである。

そもそも民主党は、「官僚主導」から「政治主導」の転換と並んで「与党と内閣の一元化」を主張し、政権交代の直前にはモデルとしてイギリス政治についての情報収集を行っていた。このことを考えれば、民主党政権の下で議院内閣制のウェストミンスター化が継続するのは、むしろ当然のことであった。二〇〇九年総選挙に際し、民主党マニフェストには「鳩山政権の政権構想」として「第1策　政府に大臣、副大臣、政務官（以上、政務三役）、大臣補佐官などの国会議員約一〇〇人を配置し、政務三役を中心に政治主導で政策を立案、調整、決定する」、「第3策　官邸機能を強化し、総理直属の「国家戦略局」を設置し、官民の優秀な人材を結集して、新時代の国家ビジョンを創り、政治主導で予算の骨格を策定する」（民主党 二〇〇九、三頁）と、明瞭に述べられている。このマニフェスト、さらには二〇一〇年二月に提出された政治主導確立法案の基礎にある考え方は、ウェストミンスター型議院内閣制にほかならなかった。

しかし、民主党政権は当初から首相が的確なリーダーシップを行使できないまま、東日本大震災の影響もあって政治主導確立法案は結局成立せずに終わった。小泉政権期から続く新しい首相政治を民主党が継承していることは確かだが、それはウェストミンスター化をさらに推し進めるような制度構築や、政策的な成果にはつながっていない。その直接的な理由は恐らく、確たる展望もなくアメリカ軍普天間基地の移設といった難問にエネルギーを振り向けてしまった鳩山の判断や、震災と原発事故の衝撃に耐えかねるように準備不十分のままエネルギー政策の転換を図ろうとした菅の行動など、トップリーダーである首相の未熟さによるだろう。

ウェストミンスター化した議院内閣制の下では、首相の無能さや未熟さは政権と与党の行き詰まりに直結する。鳩山や菅が民主党政権を混乱させたことは、皮肉にも日本の首相政治がかつてとは全く異なっており、首相の不適切な判断が政策過程に直接的な影響を及ぼすものになったことの証左である。そして、彼らが時間とエネルギーを浪費した一つの帰結として、民主党は新しい首相政治のさらなる制度化を進めることができなかったのである。

同時に、彼らの能力や資質に問題があったとしても、それだけが行き詰まりの理由ではない。安倍以降の自民党政権もまた政策的な成果という意味では極めて不十分であった。五人連続で不成功の短命政権が続くということは、首相個々人の能力や資質では説明できない、より構造的な制約要因が日本の首相政治にはなお存在していると考えるべきではないだろうか。節を改めて、この点を含む日本の首相政治のあり方について、理論的に考察することにしたい。

2 首相政治の比較政治学

多数主義型民主主義

本書において論じてきた日本の首相政治の変化は、比較政治学の観点からはどのように理解することができるだろうか。第Ⅱ部をはじめとする本書の随所において断片的に言及してきたところではあるが、一九九〇年代以降の日本政治の変化については、現在の比較政治学において最も有力なアプローチの一つである比較政治制度論という分析枠組みから、より明瞭に把握することができる。ここで改めて整理しておこう。

比較政治制度論は、政治過程における政治家や官僚、有権者といった諸アクターの行動が、制度要因によって規定されていることを重視する分析枠組みである（建林・曽我・待鳥 二〇〇八）。とりわけ、政治家をいかなる方法で選出するかという選挙制度と、政治家相互間や政治家と官僚の間などにいかなる権限関係ないしは分業関係を構築するかという執政制度が、アクターの行動と政治過程のあり方に大きな影響を与えると考える。本書が検討してきたのは、これらの制度要因が日本政治にいかなる骨格を与えたのか、そしてその変化が首相と各アクターの関係をはじめとする日本政治の特徴をどのように変えたか、ということであった。

日本の場合、制度の変化として具体的に重要な意味を持っていたのは、衆議院の選挙制度改革によって中選挙区制から小選挙区比例代表並立制に変化したことと、内閣機能強化によって首相が依拠できる法的権限や人的資源が増大したことであったことは、繰り返し述べてきた。理論的に見て、これらの改革にはどのような意味があったのだろうか。

まず、小選挙区制中心の選挙制度への変化は、二大政党化と同時に政党内部における執行部への集権化をもたらした。自民党を中心に、かつては選挙その他の政治活動を所属政党にあまり頼ることなく行って「自分党」あるいは「個人商店」といわれた議員たちは、今や大政党の公認(看板)と政治資金(カバン)に強く依存するようになった。しかも、二〇〇五年や二〇〇九年のように二大政党の獲得議席が振り子のように大きく変動する状態では、選挙区に安定した地盤を形成することも容易ではない。もちろん、執行部に対する不満があるからといって、離党して小政党を結成することは難しい。党首格のヴェテラン議員ならばそれでも生き残るかもしれないが、若手政治家や新人にとっては落選のリスクが大きく高まり、選挙直前に爆発的なブームでも起きない限り、党勢の伸長はほとんど期待できない。結果的に、二大政党所属の議員たちは執行部の意向に従順にならざるを得ない。これが与党で起こる場合には、党執行部が執政中枢部に包含されるために、首相を頂点とする執政中枢部から垂直方向への権力構造の一元化、すなわちトップダウンがいっそう強く生じるのである。

内閣機能強化は、執政中枢部が権力を行使するための資源を増大させるものであった。与党内部での集権化がいかに図られようと、それに見合うだけの意思決定を行い、実行させるだけの人的資源や法的権限がなければ、執政中枢部からのトップダウンは成立し得ない。一九九〇年代後半の橋本政権期に行われた行政改革(橋本行革)が試みた、内閣官房の拡充や内閣府の新設、閣議の改革をはじめとする首相の権限強化、省庁再編などは、いずれも執政中枢部である首相と内閣に人的資源と法的権限を集中させることを目指していた。首相は、特命大臣や補佐官を柔軟に確保できるようになり、また閣議の主宰者としての立場も得て、従来からある与党党首としての地位も併せながら、意思決定を主導できるようになったのである。

これらの改革に共通して見られる方向性は、二大政党のそれぞれが一体となって競争し、その勝者が与党として執政中枢部を担い、トップダウンによって迅速かつ独占的に政府を運営するという政治のあり方である。これは、比較政治学において「多数主義型民主主義」と呼ばれ「コンセンサス型民主主義」と対比されるもので、イギリスをその代表格とする(Lijphart 1999)。つまり、一九九〇年代以降の日本政治は明らかに多数主義型民主主義を目指して諸改革を行ったのである。地方分権改革や司法改革にも多数主義型民主主義との連関を見て取ることができるが、何よりもウェストミンスター型議院内閣制への傾斜は、日本政治の多数主義型民主主義化への重要な一翼を構成していた。

例外としての参議院

しかし、日本政治の多数主義型民主主義化は、なお未完のプロジェクトだと言わねばならない。少なくとも二つの大きな例外が残されているためである。その一つが参議院である。日本の国会が二院制を採用しており、参議院が第二院であることは常識に属するであろう。だが、第二院としての参議院を比較政治学の中に位置づける試みは、従来必ずしも多くなされてはいなかった[★3]。第二院や両院間関係に関する比較政治学の研究は近年急速に進展している(たとえば、Tsebelis 1997, 2002)。その成果も踏まえつつ、政治制度の比較という観点から考えた場合、参議院は特徴的な第二院であることが分かる。それは、参議院が第二院としての一般原則に適合している部分と、第二院よりも第一院に近い性質を帯びた部分を、併せ持っているからである。改めて大きく三つの点から整理をしておこう。

第一に、参議院は内閣との間に信任関係が存在しない。憲法上、首相の指名に関しては衆議院の優越が規定されている。衆参両院の指名が異なり、両院協議会が成案を得なかった場合には衆議院の指名が国会の指名となる。したがって、参議院が誰を首相に指名しても、その人物が首相になる可能性はほとんどない。首相就任後に参議院が内閣不信任や閣僚不信任を行うこともできない。同時に、参議院は首相によって解散されることもない。つまり、参議院の勢力関係と内閣の命運は切り離すというのが、現行制度の基本的な意図なのである。議院内閣制が国王と議会の対峙から成立してきた制度であり、かつその場合の議会とは一般有権者の代表からなる機関、すなわち下院を意味していたのだから、上院ないし第二院と内閣の間に信任関係が存在しないのは、ウェストミンスター型に限らず、議院内閣制の下では当然のことだと考えられる。

第二に、参議院と衆議院の間の関係はほぼ対等である。第一院である衆議院の優越が定められているのは、首相指名や予算採決、条約の承認など、ごく限られている。しかも、予算に関しては実際の執行に必要な関連議案の成立には参議院での可決が必要で、衆議院の優越は大きな意味を持たない。両院の相違を解消するための両院協議会でも対等な扱いを受けており、かつ協議会メンバーは当該議案について各院の意思(院議)を構成した会派の所属議員のみによって構成される。このため、通常の政策過程において衆議院が優越するためには三分の二の特別多数による再可決しか事実上方法がなく、再可決に必要な議席数を与党側が確保するのは至難の業である。両院の多数党が異なることによる「ねじれ」が問題となるのは、何よりもこの点に関連している。

両院がほぼ対等である二院制は、イタリアなど他の議院内閣制諸国でも採用されている例がないわけではない。そのような場合には、両院の選挙を常に同時実施することで「ねじれ」を発生させなくするか、両院協議会における決定方式について成案を得やすいものにするといった、二院間の調整の方法が制度的に確立されるのが通例である。しかし、日本の場合には自民党ないしは自民党が中心となった連立与党が長らく衆議院と参議院の双方で過半数の議席を確保していたため、衆参両院間の調整は公式の制度を使わずとも、与党内部での調整によって代替することが可能であった。結果として、与党内調整によっては問題が解決できない「ねじれ」が生じた場合には、両院間調整制度の不備が大きな問題として立ち現れることになった。

第三に、参議院は特異な選挙制度を採用している。現代では第二院が公選であること自体は珍しくないのであり、イギリスのような非公選の貴族院を置いている方が稀である。しかし参議院の場合、非拘束名簿式の比例代表区と選挙区が組み合わされ、選挙区は改選数一の小選挙区と二以上の中選挙区の混合となっている。これは、参議院選挙という単一の機会において、非拘束名簿式比例代表制、中選挙区制、小選挙区制という三つの異なった政治的効果を持つ選挙が、同時に行われていることを意味する[★4]。これら三つの選挙制度の下では、政党や候補者の行動準則は大きく異なっており、有権者の選択基準も変わるが、そのことは全く考慮されていない。最も極端な場合には、中選挙区制と並んで候補者中心の選挙になりやすい非拘束名簿式比例代表制が、政党中心の選挙につながる小選挙区制と同一地域で組み合わされることになっている。こうした選挙制度の特異性、ないしは無原則な組み合わせ方は、参議院に当選する議員の性格を著しく曖昧にする。

これら三つの特徴のうち、第一の点と、第二、第三の点は明らかに整合性を欠く。参議院という院がどのような意図を持って設計されているのか、国会に参議院を置くことでどのような帰結が生じるのか、参議院議員は何を代表しているのか、平明に理解することは極めて難しい。選挙制度を部分的に変えた以外は制度的特徴が戦後ほぼ一貫して同じだったことを考えると、現行憲法体制下における参議院の位置づけは、そもそも明確でなかったというべきであろう。つまりは「趣旨不明確な第二院」であることが、参議院の特徴なのである。

この不明確さが、多数主義型民主主義の例外としての参議院に強い拒否権を与えている。本来、議会には「民意の反映」が求められると同時に、民意に基づきつつ効率的な立法を行うことが期待される。二院制において究極的には第一院が優越するのは、第一院こそが「民意の反映」の院である以上、効率的な立法の主役も第一院が担うべきだという考え方による。とりわけ多数主義型民主主義においては、コンセンサス型に比べてそのことがより明確な制度でなければならない。だとすれば、日本政治が多数主義型民主主義であることを大前提とした上で、参議院はそれに適合的な第二院としての役割を持つというのが本来の姿なのであろう。しかし、この点についての検討はまだほとんどなされておらず、現在の参議院改革をめぐる議論も、ほとんどは定数不均衡の是正にのみ関心が向けられる傾向にある[★5]。

未対応の政党組織構造

日本政治が多数主義型民主主義へと制度構造を変革する中で、もう一つの例外をなす分野が政党の内部組織構造あるいは内部ガヴァナンスの側面である[★6]。本書で検討してきたように、選挙制度改革以降の日本政治では、党首を頂点とする執行部と一般議員の間の垂直的関係については集権化が進行した。しかし、執行部を構成する幹部要員の人材確保や執行部構成員相互間の関係は、必ずしも大きく変化していない。

首相政治にとって制度的な権力基盤が重要である、というのが本書の主たる命題だが、制度はあくまで積極的な権力行使、すなわちリーダーシップの必要条件であって、制度があれば必ず強いリーダーシップが発揮されるというわけではない。その一方で、制度を使いこなせる人材を得られるかどうかは、単なる偶然や僥倖の問題というわけでもない。首相はほとんどの場合に与党第一党の党首である以上、政党内部において人材育成を含む組織構造がどのようになっているかが、リーダーシップに大きな影響を与えるのである。そこで、改めてリーダーシップと政党組織の関係について、少し具体的に考えておくことにしよう。

まず、日本の主要政党においては与党党首としての権力と首相としての権力が依然として結合しきっていない。自民党においては、実現はしなかったものの一九七〇年代後半に総理・総裁分離が提唱され、同じ時期に人事における当選回数主義や派閥均衡が成立するとともに、首相は与党内の意思決定に積極的には関与しなくなった。総裁と幹事長の所属派閥を違《たが》えるという「総幹分離」はその表れであった。二〇〇〇年代に入って、小泉や安倍が自民党総裁を務めた時期には首相権力と党首権力の重合が見られるようになったが、それは長続きしないまま、民主党政権下で両者は再び分離した。すなわち、鳩山政権期においては与党党首としての権力を幹事長の小沢一郎に実質的に移譲し、幹事長の判断をほとんど丸呑みするという方策が取られた。菅政権になってからは、首相が与党第一党の党首であることの意味は認識されるようになったと思われるが、依然として党首と同格かそれ以上のキャリアを持つ党内の有力政治家との関係が安定せず、党首としての権力行使には制約があったように思われる。野田政権になっても、この点は決定的に変化したとまではいえない。与党内有力政治家が首相や党執行部を公然と批判するといった例は枚挙に暇がないが、それに対する規律は十分に作用していないように見える。

しかし、ウェストミンスター化した議院内閣制における首相の権力基盤は、内閣と与党執行部をあわせた執政中枢部の頂点にいるところに求められる。首相権力は積極的に行使するが党首権力の行使には消極的、ということは本来的に難しいはずである。そのことに気がついていたからこそ、二〇〇九年の政権交代直後の民主党は、政策決定における「政府と与党の一元化」を提唱したはずであった。だが、その民主党政権においても、自民党政権時代以上に党首権力の行使に対して消極的な傾向が生じている。

なぜ首相権力と党首権力の分離が生じるのだろうか。現在の民主党に限れば、その一因は首相や党執行部と他の有力政治家との個人的関係によるのであろう。だが、あわせて無視できないのは、小選挙区制中心の選挙制度の下で進行する集権化の逆機能とでもいうべき現象である。すなわち、選挙制度に依拠した集権化（上からの規律）によって政党の一体性が高まる場合には、トップダウンでの意思決定が容易になる一方で、党内合意の形成は重視されない。一般議員は採決における票数として計算に入れられるだけの存在であり、党首は「選挙の顔」としての存在であって、両者の意思疎通が十分でなくとも良いことになる。その状態で政権や党の支持率が低迷すると、当面は衆議院の解散がない、あるいは各種の選挙で敗北して執行部が弱体化することを見越して、党内に潜在していた反執行部勢力が台頭してくることになる。本来、執行部が持つ最大の対抗手段は公認権と政治資金だが、支持率が低迷するとその効果は弱まってしまうのである。

反執行部の立場をとる一般議員を含めた意思決定を行うためには、かつての自民党が採用していたようなボトムアップの合意形成が有効ではある。しかし、そうすると首相をはじめとする執政中枢部の意向は党内過程で阻止されてしまう可能性が高まり、特徴的な政策路線を迅速に打ち出すことは難しくなる。政治制度の基本的な方向性において多数主義型を志向している現代日本政治では、迅速な政策決定に対する有権者の期待は強く、それができない与党は野党との競争に敗れることになるだろう。集権化による逆機能を乗り越えるには、上からの規律を重視した執行部が選挙に勝利するという経験を積む必要があり、とくに民主党のように歴史の浅い政党だと、相当の時間を要する可能性が高い。

責任追及機会の過剰

日本の場合、もう一つ無視できない要因として、与党執行部が責任を追及される可能性がある選挙が非常に多いことが指摘できる。ウェストミンスター型に限らず議院内閣制の場合、第一院（下院、衆議院）選挙から次の第一院選挙までの期間にも首相や閣僚の交代は起こりうる。また、第一院選挙以外では与党執行部が責任を負わない、というわけでもない。しかし、日本ではその傾向が強すぎることは否定できない。衆議院選挙以外にも参議院選挙や統一地方選挙など多くの選挙に勝ち続けないと与党内外から批判されるのは、首相を中心とした執政中枢部にとって極めてハードルが高い。とりわけ政権交代直後の場合には、新しい与党は参議院や地方議会の多くで過半数の議席を獲得していない可能性が高い。これらの選挙はいずれも中選挙区制や大選挙区制のように比例性が高い選挙制度で行われるため、選挙結果の変動幅が比較的小さい。そのため、政権交代後の与党が大幅に議席を上積みできるとは限らない。そもそも勝利が難しい選挙の結果で責任を追及されるのは、いかにも酷なことではある。

カナダの政治学者ベンジャミン・ナイブレードは、日本の首相が有権者とマスメディアから改革者であることを過剰なまでに期待され、「ハイパーアカウンタビリティ」を負わされている、と論じる（ナイブレード 二〇一二）。参議院選挙や地方選挙は、その結果を政権の帰趨と結びつけて解釈されることで、ハイパーアカウンタビリティの制度的回路として機能している。これらの選挙の結果に対し、場合によっては首相辞任にまで至る責任をとらされるというのは、自民党単独政権が続いていた五五年体制下でマスメディア、党内非主流派閥や野党が作り上げた慣行だと思われる。それは政権交代が望めない状況下で与党執行部に「お灸を据える」ために一定の有効性を持ったのであろう。だが、衆議院選挙で多数を占められるかどうかをめぐって与野党が競争することを最重要視する、ウェストミンスター型議院内閣制とはかみ合わない部分がある。

ここまでの叙述から明らかなように、政党内部の組織カヴァナンスの問題もまた選挙制度や執政制度と分かちがたく結びついている。しかし、政党内部組織を選挙制度や執政制度といった政治制度との関係で考察する研究は、比較政治学においても始まったばかりであり、なお十分な知見の蓄積があるとは言い難い。衆議院の選挙制度が小選挙区制中心になり、議院内閣制のウェストミンスター化が進むなど政治制度が全体として多数主義型民主主義へと向かう中で、参議院や政党内部の組織ガヴァナンスといった重要な例外的側面がいくつか残るという状況に、日本政治がどのように対応していくのかは、今後の比較政治学にとっても大きなテーマを与えることになるだろう。

3 制度分析の意義と課題

個性か制度か

本書は、現代日本政治における首相の権力基盤は、戦前に比べればもちろんのこと、戦後であっても一九九〇年代前半までに比べて飛躍的に強められていることを主張してきた。しかし、近年の日本政治はまたも短命政権が続く時期を迎えている。五年五ヶ月に及ぶ長期政権であり、さまざまな政策転換を実現して「首相支配」という言葉さえ生んだ小泉政権が終わった後、安倍、福田、麻生と三代の政権が在任期間ほぼ一年で交代し、二〇〇九年に民主党中心の連立になってからも、鳩山政権は八ヶ月で総辞職した。菅政権も、東日本大震災への緊急対応によって一時的に延命したものの、不毛な党内対立の挙げ句に、長期政権というには遠く及ばないまま一年三ヶ月で終わった。近年の「強い首相」は、目下のところ小泉だけ、というのが一般的な見方であろう。

小泉政権は首相政治の構造的変化の例証なのか、それとも従来と同じ日本政治の基本構造の中に突然変異的に登場した例外なのか。この問いは、小泉政権がもたらした変化、とりわけ政治手法の変化に関して、それが一過性のものであるか継続的なものか、という問いと重なる。そして、論者によって答えは一致していない。すなわち、本書を含め、小泉が依拠していたのは一九九〇年代に進められた選挙制度改革や内閣機能強化を含む行政改革の成果であるという立場からは、制度的基盤が確保されている以上、ポスト小泉の時代にあっても基本的な方向性は変わらないことになる。参議院と与党内部組織という重大な例外が残るものの、「強い首相」が日常的に登場するための基盤は、既に相当程度まで準備されているのである。これに対して、主として小泉純一郎という政治家個人の資質に注目する立場からは、日本政治の本質的な変化ではなく一時的な現象で継承されにくいものであるという指摘がなされていた。そこには、制度論と指導者論の永遠とも見える対立が重なる。

こと日本の首相政治に関していえば、今となっては二つの見解の優劣は明白であるように思われる。小泉政権期に首相が強力なリーダーシップを行使したことは認めるが、それはもっぱら政治家としての小泉が例外的な存在であったためだという見解が有力である。安倍政権は「官邸崩壊」と揶揄《やゆ》され、鳩山政権でも内閣に対する民主党執行部の優位は明らかであった（上杉 二〇〇七、清水 二〇一一）。菅政権の東日本大震災への対応やそれ以前の政策展開も、総じて首相が積極的にリーダーシップを行使したようには思われない。すなわち、大事なのは個々の政治指導者の資質を考えること、すなわち指導者論であって、首相の権力基盤を制度論から考えることではない。日本政治は全体としても、本書がとるような制度論から予測されるような変化は経験していない。これらが現時点の大勢かもしれない[★7]。

かくして、一九九〇年代の選挙制度改革と内閣機能強化を受けて、小泉政権期以降に日本の首相政治は不可逆的に変容したという制度論者の見解は、もはや一時的な隆盛を見たに過ぎない感が強い。むしろ、安倍政権以降の観察から理解されるのは同じ制度的条件の下でも行使されるリーダーシップに違いがあるということであり、それは個々の政治家の力量が違うことによる。この見解は確かに分かりやすく、それを裏付けるような現象は政治史において事欠かない。戦後日本に限ってみても、吉田、池田、佐藤といった長期政権もあれば、鈴木や海部のように弱体なまま比較的短期に終わった政権も存在する。日本政治の現実は、制度論をはじめとする理論的アプローチによる政治分析をあざ笑うかのようにも思える。

しかし、首相や内閣について考える際に、制度論の視点は本当に無意味なのだろうか。日本において積極的な権力行使を伴う首相政治が出現するには、小泉のような強い個性や資質を持った政治家が偶然や僥倖によって登場するよりほかないのだろうか。そして、個性や資質のある政治指導者がいれば、震災や原発事故のような重大で緊急を要する事態にもうまく対応できるのだろうか。確かにその可能性はある。戦後日本政治を全体として眺めたときに、時宜を得た政治指導者の存在がもたらした効果は大きかった。だが、政治が人間の営みとして存在する以上、適切な指導者をどのように得るかという問題は運や偶然ではなく、あくまで人為的な育成の問題として捉えるべきではないだろうか。だとすれば重要なことは、現代日本政治を理解するために制度論と指導者論をいかに組み合わせるか、というところにあるはずである。本書の結びとして、この点について若干の考察を行うことにしたい。

個性のための制度

指導者論と制度論の関係を考えることは、優れた政治指導者を得るためにいかなる環境が必要かについて検討することと同じである。環境とは、政治家と有権者にとっての誘因をどのように作るか、という制度の問題だからである。そのように理解するならば、無前提に指導者論に依拠することは、制度論のみから推論するのと同じくらい不十分なことだと分かる。少なくとも以下の二つの点をまず認識せねばならないだろう。

まず、力量ある政治指導者というときに想定される内実そのものが、制度的条件によって異なることである。かつて自民党が中選挙区制の下で単独政権を長く続けていた時期には、政治資金を潤沢に確保して自らの派閥を大きくする一方、派閥間の勢力関係に配慮して党内抗争の芽を摘むことが成功にプラスの作用を及ぼした。同時に、派閥の領袖となり他派閥との合従連衡の末に首相の座を確保した場合には、自らの方針を明確に打ち出して政策を展開するよりも、ボトムアップを尊重しつつ必要最低限の介入をするというのが政権運営の要諦であった。それは、政党間の政権交代についてはほとんど考慮する必要はない一方で、自民党内部での派閥間競争を盛んにする選挙制度に適合的な行動様式だったのである。

竹下登はその完成型ともいえる存在であった。彼が実現した消費税導入を含む大規模な税制改革は、与党内部、関係省庁や業界に周到な配慮を行って実現した政策転換であり、その過程は与党内調整をあまり重視することのなかった小泉政権期のさまざまな政策転換とは全く異なったものであった。あるいは、佐藤栄作が長期政権を維持した秘訣の一つは「人事の佐藤」と称された巧みな党内掌握であって、これも派閥推薦や当選回数重視による閣僚人事を極力排した小泉とは大きく異なる。

小泉は中選挙区制時代の自民党では決して総裁にはなれなかったであろうが、一方、佐藤や竹下でさえ小選挙区制の下でどこまで活躍できたかは大いに疑問が残る。小泉や佐藤、竹下がそれぞれに傑出した政治家であったことに確かだが、彼らが力量を示しえた制度的条件について語ることも、また大きな意味をもつ。

注意せねばならないもう一つの点は、近年続いている短命政権の場合にも、制度変化の影響は及んでいることである。首相は、制度が変わったにもかかわらず、ではなく、制度が変わったがゆえに、短命で奇妙な辞め方をしているのである。派閥間競争が盛んであった時期の自民党では、選挙での大幅な議席減や支持率などの低下を契機として、党内の非主流派から首相退陣要求が強まる例が多く見られた。最も激しい例としては、田中政権期の福田赳夫らによる党風刷新連盟、三木政権期の「三木おろし」、大平政権期の四十日抗争などを挙げることができる。これらは「表紙を変えるだけ」の疑似政権交代と批判されながらも、それが自民党政権そのものの延命につながっていたことも確かであった。しかし現在では、民主党であれ自民党であれ、与党内部で執行部に対して公然と反旗を翻すには、公認や政治資金配分などで相当の覚悟を要する。そのために、概して内部批判は弱まる傾向にある。政権獲得後の民主党において、首相や幹事長など執政中枢部を構成している人々への批判が部分的な動きに止まってきたのは、その例証であろう。

結果として、二〇〇七年の安倍や一〇年の鳩山に見られるように、政権が明白に失速しているにもかかわらず、辞任のタイミングは周囲の予測とずれてしまいがちである。制度的基盤の強化によって首相は進退についても自律性を高めた。辞める、辞めないの「潮時」に関する共通了解は、もはや存在しない。首相は以前よりも独りで判断せねばならないことが増え、孤独になったともいえる。そこでは、適切な政治的判断ができない人物が首相となるリスクは格段に高まる。孤独な環境で適切な判断を下すからこそ、政治家として比較的キャリアが浅い段階から知恵袋となる人材を確保するといった対応が必要になるのであろう。

制度分析の意義

このように、首相がどの程度まで積極的に権力を行使できるかについては、制度要因が明らかに影響を及ぼしている。小泉政権期以降の首相には、以前とは異なった制度的条件を与えられている。選挙制度改革によって生じた与党首としての権力、内閣機能強化によって生じた首相としての権力はいずれも、従来は十分に確保されていなかったものである。それらの権力を行使できない首相が少なくないのは、政党内部でのガヴァナンスや参議院の存在といった、一九九〇年代以降の制度改革が及んでいない領域が制約要因になっていることと、首相を取り巻く新しい環境に適合的な政治家を得られていないためだと見ることができる。

つまり、首相政治を制度論から説明することは、依然として可能であり、必要なのである。

本章においても繰り返し指摘してきたように、選挙制度や執政制度が作り出す権力基盤が、首相の積極的な権力行使を常に可能にするわけではなく、まして長期にわたる政権維持をはじめとする首相としての成功を約束しているわけではない[★8]。首相が以前とは異なった制度的な権力基盤を与えられたことは、首相の意向に従った政策決定あるいは政権や与党の運営ができるという意味での強力なリーダーシップを発揮する可能性を高めたであろう。ただし、それは確率論であって、制度的条件が与えられれば必ず積極的な権力行使がなされることとは異なる。また、現在の首相は自らの判断を政策として展開できる可能性が高まっているが、その判断そのものは首相になる人物が政治家として持つ見識、さらには人間として持つ価値観に大きく規定される。政党内部組織が変化し、現在の制度に適合的な運営や人材養成の仕組みを整備することで適切な判断ができる政治家が首相候補になりやすいとしても、これもやはり確率論でしかない。

だが、首相リーダーシップがいかなる条件下において発揮される可能性が高まるのかを考えることは、決して無駄ではない。主に過去の事例から優れた政治指導者の資質を帰納的に導くという指導者論にのみ依拠することが生じる最大の難点は、それが現在あるいは将来の政治指導者に対してどこまで適用可能な知見であるかが分からないところにある。小泉政権が誕生した当初、従来の首相たちに比べてあまりにも一匹狼的な政治家であったために、政権に明るい見通しを持っていた論者は決して多くなかった。郵政解散の後には誰もが小泉のリーダーシップに注目するようになったが、彼が首相としても党首としても権力を行使していることを早くに指摘したのは、制度論者であった。たとえそれが確率論でしかないにしても、新しいタイプの政治指導者が登場したときに、理論的な観点から見通しを提示できることは、制度論の大きな意義だというべきだろう。

政治のために

戦後日本政治は数多くの優れた指導者を得てきた。戦後日本の骨格を定めた吉田茂、高度経済成長の道筋をつけた池田勇人、国際政治経済環境の変化に対応しようとした中曾根康弘、そして経済政策の大規模な転換を図った小泉純一郎などは、その代表例である。逆に、若き日から将来を嘱望されながら、さまざまな理由により志半ばにして挫折を余儀なくされた政治家も数多くいたであろう。優れた政治指導者の登場には偶然的な要因も多く作用していたに違いない。池田が政界に出るきっかけは、彼が若き日に大病をして大蔵省での出世が遅れ、そのために戦後追放を免れたことによるというのは、その一例である。このような場合にしばしば用いられる、禍福はあざなえる縄のごとし、人間万事塞翁が馬、といった言い方の中には、政治や社会を取り巻く運命や偶然に対する一種の諦観を育んできた先人の知恵が反映されている。

しかし、一六世紀ルネサンス期のイタリアで、運命（フォルトゥナ）に対抗する実力（ヴィルトゥ）の意義を説いたニコロ・マキャヴェリを始祖として、すべての政治的営みは人為的なものであり人間が統御できる、と考えるところから近代の政治的思惟は出発する。そして、実力が地位に裏打ちされるならばそれは権力となり、権力がルールによって枠付けられるならばそれは権限となって、その行使は安定するとともに制約を受ける。誰が権力者となり、権力をどのように行使するのかという問題が日常のルーティンとして仕組みの中で処理されるようになったとき、それは政治の制度化ないしは統治と呼ぶことができる。制度化した政治においては、権力者は自らが制度に制約されるとともに、権力基盤もまた制度に依拠したものとなる。

その意味で、制度論は単に今日の政治学における流行の分析手法というだけではない。制度化した政治、制度に基づく権力行使について考えることは、すなわち近代の政治空間の根本にある問題に取り組むことにつながる。戦後日本の政治のみが例外であるはずはない。もちろん、制度の下でどのような政治家が台頭し、権力を獲得して行使するのかについては、周囲からの人物評価の背景にある文化的要因も影響しているであろう[★9]。だがそうだとしても、制度と権力の関係を考えることなく、政治におけるリーダーシップを理解することはできない。そして、現代の政治学が究極的に拠って立つ学問理念もまた、政治権力とは人為的なものであり、制度化されたものだということを前提に、それを理解しようとする姿勢なのである。

本書はこのような認識の上に立って、戦後日本の首相権力を制度という観点から分析する試みであった。そこで明らかになったのは、今日の首相は戦後最も大きな制度的権力基盤を確保しており、それが日本政治の特徴に変化を与えていることである。本書で論じてきたように、首相に制度的な権力を与えることが、憲法において議院内閣制を採用して以来の日本政治の基本的な方向性なのだとすれば、それを貫徹させるために今後とも制約要因を取り除いていけば良いということになる。筆者は日本政治が趨勢としてはその方向にあり、国際環境や社会経済環境の変化に適合的だとも考えている。

しかし、それは日本政治にとって唯一の選択肢ではない。権力をあまり行使しない首相が望ましいと考えるならば、中選挙区制に復帰する、あるいは非拘束名簿式比例代表制を採用するなど、政党内部の一体性を弱め、かつ連立政権になるような政党システムを導くよう、制度を再び変化させるという選択肢があるだろう。事実、二大政党制を批判して中選挙区制を復活させようとする見解は既に存在する(たとえば、吉田 二〇〇九)。筆者個人の意見ではなく、日本社会にとってそのどちらかが正解かと問われれば、それは各人の社会観や政治観に基づいた議論によって決めていくべきだ、と答えるより他はない。首相の権力行使のあり方に限らず、民主主義体制下での政治とは人為的で制度的なものであり、それをどうするかの判断は究極的には有権者に委ねられているからである。

註

★1──歴史的に形成されてきた文脈を重視するかどうかは、制度論者の中でも共通の見解があるわけではなく、実際の分析においてもさまざまな扱いがなされている。

★2──日本の国会の制度的特徴は、ウェストミンスター型議院内閣制との親和性が高い（増山　二〇〇三、建林・曽我・待鳥　二〇〇八）。それは、与党内調整まではボトムアップ重視で欧州大陸型に近く、法案の国会提出後にはウェストミンスター型に近い迅速な決定を目指すという、戦後日本政治の基本的な特徴の反映だったのであろう。

★3──もちろん、大山（二〇〇三、二〇一一）や竹中（二〇〇五、二〇一〇）にはこの点を意識した叙述が存在するが、比較政治学における参議院の位置づけを明示的に論じているわけではない。

★4──しかも、選挙区選挙が定数二以上の中選挙区制で行われるか、定数一の小選挙区制で行われるかは都道府県ごとに異なる。有権者は、居住地によって異なった選挙制度で同じ院の議員を選出していることになる。

★5──筆者自身の参議院改革論は、待鳥（二〇〇八b、二〇一〇、二〇一一）を参照。本書執筆時点では、衆議院と参議院の選挙制度改革が並行して議論されているが、両者のリンケージについてはほとんど検討されていない。

★6──なお、政治制度と政党内部組織の関係については、比較政治学においても全体的に十分な検討がなされているとはいえない。サミュエルズとシューガート（Samuels and Shugart 2010）は、とくにこの点を強調する。

★7──筆者には、これらの見解の多くが、官邸主導や首相権力あるいはリーダーシップといった概念を十分に定義せずに使用する結果、政策決定の過程で首相が自らの意思を積極的に表出することと、それが実際の政策に反映されたことを区別しないまま、政策が実現しなかったので官邸主導ではない、という結論を導いているように思われる。

★8──その意味では、積極的な権力行使をする首相が今後も一般化すると考えた、小泉政権後半期以降の筆者を含む制度論者の見解には甘さがあったと認めねばならない。

★9──文化と政治リーダーシップの関係については、筒井（二〇一一）参照。

あとがき

「門前の小僧習わぬ経を読む」ということわざがある。筆者にとって日本政治の分析は、元来「習わぬ経」であった。大学院に進むと、周りには現代日本の政治や行政を専攻する先生方、諸先輩、近しい友人や知人がおり、彼らの研究成果に影響や刺激を受けながら、筆者は比較政治学の理論や現代アメリカ政治の分析を主とする自らの研究を始めた。

最初の勤務先である大阪大学法学部で「政治過程論」という講義と演習を担当して現代日本政治を教える立場になり、徐々に現代日本政治に関する小論を公表するようになった。それを通じて、比較政治学の理論枠組みを使って各国の政治を分析することに関心を寄せ、その意義に多少の確信を持つに至った。それでもなお、研究者層の厚い日本の中央政府レヴェルを研究対象とすることについては、比較政治学を専攻する者の無断越境という意識が残った。その後、京都大学法学部に移って「アメリカ政治」を担当するようになったとき、本来そこで越境を止めるのが筋だったのかもしれない。しかし、幸か不幸か、現代日本政治を研究対象にしたいという気持ちは失われなかった。本書はその一つの帰結である。

書き上げてみると、はじめから現代日本政治を専攻したわけではない立場で本書に取り組めたことに、意外なメリットがあったと感じる。その最大のものは、異端であることを恐れずに済んだことであろう。本書で筆者は、政治学の理論や知見に立脚した学術書でありながらも、標準的なスタイルを含む方法的な厳格さから少し離れて、筆者が考え、伝えたいと思うことを、伝わるように書くことに重点を置いた。

それが端的に表れているのが構成である。現代政治分析として学術的なアプローチをとるのであれば、まず先行研究を批判的に検討し、それを踏まえた分析枠組みと理論仮説を提示して、その後に分析対象全体の推移に関わるデータや具体的な事例の考察によって仮説の検証を進めるのが通例である。本書はそういうスタイルを採らず、戦後日本政治史に関する筆者なりのラフスケッチを提示し、それを基礎として現代の首相政治がどのように理解できるかを実証的に検討する構成にした。

通例から敢えて外れる構成を選んだのは、定型的なスタイルによる仮説検証型の現代政治分析が、内容とは直接関係しない、形式や検証手法の面から専門家以外の読者に敬遠されがちだからである。いささか大風呂敷を広げれば、民主主義体制を取る社会における政治学という学問のあり方、また日本語による学術的著作の公表が持つ意味を考えたとき、スタイルとして仮説検証型の定石を踏む研究だけで良いのかという疑念を、筆者はどこかに抱いていたように思う。もちろん、政治学が学として自律するには、これからも仮説検証型の分析が中心的位置を占め続けるべきであろう。しかし、筆者が異端の立場から今回なすべきは、同業者のみに向けた現代日本政治分析を書くことではなく、むしろもう少し広い範囲の方々にも受け止めていただけるような著作を世に送ることのように思われた。

本書のいくつかの章には原型となった小論が存在し、それらが公表されている場合については該当章に註記している。ただしその場合でも、公表後の研究の進展や筆者自身の考え方の変化を反映させる形で原論文に全面的な改稿を加えた。したがって、本書における日本政治に関する筆者の理解は一貫しているはずであり、もしもそうでない箇所があったとすれば、現時点の筆者の思考が不徹底だということである。読者のご寛恕を乞い、あわせてご叱正を待つ次第である。

浅学非才の「門前の小僧」が「習わぬ経」で一冊の本を書き上げるには、数多くの方々のご助力があった。まず何よりも、「お経」を最初に筆者に聞かせてくださったのは、村松岐夫先生であった。現代日本の政治はとにかく興味深い対象であり、それを学術的に分析することは大きな意味と可能性のある試みなのだ、ということを、先生はまさに身をもって示して下さった。そのことは、筆者にとってあまりにも大きな出会いであった。本書第四章で使用した政策アクター調査は、村松先生が三〇年にわたって手がけられたものであり、そのデータを利用させていただいたこととあわせ、心からの御礼を申し上げたい。

久米郁男先生は、筆者自身も「経を読む」よう最初に勧めてくださった。それに応じて執筆した緑風会に関する拙論は、今となっては冷や汗ものの内容だと思うが、意外にも好意的に迎えられた。それは、筆者が現代日本政治へと研究対象を広げる大きなきっかけとなった。あのときの先生のお誘いがなければ、本書は着手されることさえなかったであろう。また、久米先生には本書第四章の早稲田調査データの利用もご快諾いただいた。深く感謝申し上げる次第である。

建林正彦先生と曽我謙悟さんには、共著書のプロジェクトを通じて、多分に直観的なところが残っていた筆者の日本政治についての理解に、論理的で首尾一貫した筋道を与えていただいた。お二人と取り組んだ『比較政治制度論』と、曽我さんとの共著『日本の地方政治』がなければ、筆者の研究者としての命脈はとうに尽きていたかもしれない。研究は独りでするものではない、という言葉を実感させて下さったお二人には、改めて謝意を表したい。

この一〇年ほど、筆者は議院内閣制や国会を比較政治学の観点から考えるという作業を、共同研究プロジェクトへの参加という形で続けてきた。そのプロジェクトの中心におられるのが、川人貞史先生と増山幹高先生である。計量分析によって国会研究の水準を飛躍的に向上させた両先生のご業績に比べれば、本書はその足下にも遠く及ばない。だが、大した成果も出していない筆者を誘い続けて下さった両先生と、坂本孝治郎先生、飯尾潤先生、福元健太郎さんをはじめとする、プロジェクトに参加されてきた方々からのご厚情に対して、少しでも報いることができていれば幸いである。

本書の内容は、大阪大学での政治過程論、京都大学での入門科目や教養科目などの講義を通じて形成されてきた。大学で授業を担当する者として、講義内容に関連する著作を受講生が手に取りやすい形にすることは責務ともいえるが、現代日本政治に関しては、筆者がその責務を果たしたとはいえない。とりわけ、大阪大学に勤務していた時期は教え始めて日も浅く、受講生には多くの迷惑をおかけしたことと思う。今さらながらに、お詫びと感謝の念で一杯である。また、両大学で講義を担当する機会を与えて下さった、同僚の先生方にも感謝の気持ちをお伝えしたい。

あわせて、本書の内容に関連した現代日本政治についての研究発表は、国内および海外でも行う機会があった。完成には程遠い内容で話をすることが可能になったのは、それぞれの大学や学会に所属されている方々のご厚意によるところが大きかった。また、学術誌以外の媒体で小論を公表する機会を得たことも、本書が完成させる上での大きな促進要因になった。各誌紙の編集担当の方々は、およそ一般向けとは言いがたい拙論を掲載するという蛮勇をふるわれたわけで、何とも恐縮するよりほかない。

第三章で使用した首相動静データの入力作業をお手伝いいただいた、藤村直史さん、大村華子さん、梶原晶さんには、たいへんお世話になった。大学院生であった彼らの篤実な作業がなければ、本書が成立することはなかった。優れた研究補助者の存在が、今回ほど有り難かったことはないように思う。現在このデータセットは藤村さんとの共同作業によりなお整備中だが、最終的には広く公開したいと考えている。また、第四章の表作成の一部は、関連する未公刊ペーパーを執筆していた時期に、中村悦大さんにご助力いただいた。

編集の労を取って下さったのは、神谷竜介さんである。神谷さんは、学術的でありながらも専門家以外の読者に届くものにしたい、という筆者の身の程知らずな要望を正面から受け止めてくださった。これまでも筆者なりに読者を想定して書いてきたつもりだったが、神谷さんによって原稿に加えられたコメントや修正の提案から、それが単に「つもり」に過ぎないことをたびたび教えられた。本書がこれまで筆者の書いてきたものよりも読みやすくなっているとすれば、それはほぼすべて神谷さんのお力添えによるものである。

なお、本書は日本学術振興会科学研究費による成果の一部である。

家族の応援はいつもながらに大きな力となったが、本書はとくに三人の子どもたちに贈りたい。現在、日本の政治、経済、社会が困難な時期にあることは間違いがない。多くの課題については、将来世代にも負の影響が残らざるを得ないであろう。それが残念であると同時に、今はまだそんなことを知るよしもないだろうが、困難のさなかで現役世代の一人である父親が何をどう考えていたのか、いつの日か彼らが大きくなったときに本書を通じて確かめてくれれば嬉しく思う。

二〇一二年三月

待鳥聡史

参考文献

青木俊也（二〇〇一）『再現・昭和30年代　団地2DKの暮らし』河出書房新社。

浅羽祐樹・大西裕・春木育美（二〇一〇）「韓国における選挙サイクル不一致の政党政治への影響」『レヴァイアサン』第四七号。

芦田　淳（二〇〇六）「イタリアにおける選挙制度改革」『外国の立法』第二三〇号。

飯尾　潤（一九九三）『民営化の政治過程』東京大学出版会。

――（二〇〇七）『日本の統治構造』中公新書。

五百旗頭真（二〇〇七）『占領期』講談社学術文庫。

五百旗頭真・伊藤元重・薬師寺克行（編）（二〇〇六）『90年代の証言　宮澤喜一』朝日新聞社。

石川真澄・山口二郎（二〇一〇）『戦後政治史［第三版］』岩波新書。

伊藤正次（二〇〇八）「国による「上から」の分権改革」森田　朗・田口一博・金井利之（編）『分権改革の動態』東京大学出版会。

伊藤光利（二〇〇六）「官邸主導型政策決定と自民党」『レヴァイアサン』第三八号。

伊藤之雄（二〇〇九）『伊藤博文』講談社。

稲継裕昭（一九九六）『日本の官僚人事システム』東洋経済新報社。

猪木武徳（二〇〇〇）『高度成長の果実［日本の近代　第七巻］』中央公論新社。

猪口　孝・岩井奉信（一九八七）『「族議員」の研究』日本経済新聞社。

岩井奉信（一九八八）『立法過程』東京大学出版会。

上杉　隆（二〇〇七）『官邸崩壊』新潮社。

内山　融（二〇〇七）『小泉政権』中公新書。

――（二〇一二）「小泉純一郎の時代」飯尾　潤・苅部　直・牧原　出（編）『政治を生きる』中央公論新社。

NHK放送文化研究所（編）（二〇一〇）『現代日本人の意識構造［第七版］』NHKブックス。

大石　眞（二〇〇八）『憲法秩序への展望』有斐閣。

大嶽秀夫（一九九四）『自由主義的改革の時代』中央公論社。

――（一九九九）『高度成長期の政治学』東京大学出版会。

――（二〇〇三）『日本型ポピュリズム』中央公論新社。

――（二〇〇六）『小泉純一郎　ポピュリズムの研究』東洋経済新報社。

大山礼子（二〇〇三）『比較議会政治論』岩波書店。

――（二〇一一）『日本の国会』岩波新書。

岡山勇一・戸澤健次（二〇〇一）『サッチャーの遺産』晃洋書房。

加藤淳子（一九九七）『税制改革と官僚制』東京大学出版会。

上川龍之進（二〇〇四）『経済政策の政治学』東洋経済新報社。

――（二〇一〇）『小泉改革の政治学』東洋経済新報社。

川人貞史（一九九六）「シニオリティ・ルールと派閥」『レヴァイアサン』臨時増刊号。

――（二〇〇四）『選挙制度と政党システム』木鐸社。

――（二〇〇五）『日本の国会制度と政党政治』東京大学出版会。

川人貞史・吉野　孝・平野　浩・加藤淳子（二〇一一）『現代の政党と選挙［新版］』有斐閣。

河野康子（二〇〇二）『戦後と高度成長の終焉［日本の歴史　第二四巻］』講談社。

北岡伸一（二〇〇八）『自民党――政権党の38年』中公文庫。

北村　亘（二〇〇五）「三位一体改革の政治過程」『甲南法学』第四五巻三・四号。

――（二〇〇六）「誰が行政を担っているのか」梅川正美・阪野智一・力久昌幸（編著）『現代イギリス政治』成文堂。

君塚直隆（一九九八）『イギリス二大政党制への道』有斐閣。

――（二〇〇七）『ヴィクトリア女王』中公新書。

国正武重・後藤謙次・星　浩（二〇〇五）「座談会　国会は死んだのか」『世界』六月号。

久米郁男（一九九五）「竹下登――保守党政治完成者の不幸」渡邉昭夫（編）『戦後日本の宰相たち』中央公論社。

――（一九九七）『日本型労使関係の成功』有斐閣。

香西　泰（一九八一）『高度成長の時代』日本評論社。

高坂正堯（一九九五）「佐藤栄作――「待ちの政治」の虚実」渡邉昭夫（編）『戦後日本の宰相たち』中央公論社。

古城佳子（二〇〇二）「第二逆イメージ論」河野勝・岩崎正洋（編）『アクセス比較政治学』日本経済評論社。

小宮　京（二〇一〇）『自由民主党の誕生』木鐸社。

齋藤憲司（二〇一〇）「日本における「議院内閣制」のデザイン」『レファレンス』一一月号。

斉藤　淳（二〇一一）『自民党長期政権の政治経済学』勁草書房。

阪野智一（二〇〇五）「ブレア政権のメディア政治」『国際文化研究』第二四号。

――（二〇〇六）「ブレアは大統領型首相か」梅川正美・阪野智一・力久昌幸（編）『現代イギリス政治』成文堂。

坂元一哉（二〇〇〇）『日米同盟の絆』有斐閣。

佐々木毅（編）（一九九九）『政治改革1800日の真実』講談社。

佐々木毅・吉田慎一・谷口将紀・山本修嗣（編著）（一九九九）『代議士とカネ』朝日新聞社。

佐藤誠三郎・松崎哲久（一九八六）『自民党政権』中央公論社。

信田智人（二〇〇四）『官邸外交』朝日新聞社。

――（二〇〇七）『日米関係というリアリズム』千倉書房。

島田幸典（二〇一一）『議会制の歴史社会学』ミネルヴァ書房。

清水真人（二〇一一）「政権交代の600日」佐々木毅・清水真人（編著）『ゼミナール現代日本政治』日本経済新

聞出版社。

ジャネッティ、ダニエラ、マイケル・レイヴァー（二〇〇一）「政党システムのダイナミクスとイタリアにおける政権形成・崩壊」［松尾秀哉訳］『レヴァイアサン』第二九号。

城下賢一（二〇一〇）「知識人とその政治行動」日本政治学会報告論文。

新川敏光（二〇〇七）『幻視のなかの社会民主主義』法律文化社。

新藤宗幸（二〇一二）『政治主導』ちくま新書。

砂原庸介（二〇一一）『地方政府の民主主義』有斐閣。

千田　恒（一九八七）『佐藤内閣回想』中公新書。

曽我謙悟（二〇〇八）「首相・自民党議員・官僚制のネットワーク構造」伊藤光利（編）『政治的エグゼクティヴの比較研究』早稲田大学出版部。

曽我謙悟・待鳥聡史（二〇〇七）『日本の地方政治』名古屋大学出版会。

高瀬淳一（二〇〇五）『武器としての〈言葉政治〉』講談社選書メチエ。

高安健将（二〇〇九）『首相の権力』創文社。

――――（二〇一一a）「現代英国における政党の凝集性と議員候補者選定」日本政治学会（編）『年報政治学二〇一一－Ⅱ』木鐸社。

――――（二〇一一b）「動揺するウェストミンスター・モデル？」『レファレンス』一二月号。

瀧井一博（二〇〇三）『文明史のなかの明治憲法』講談社選書メチエ。

竹中治堅（二〇〇五）「「日本型分割政府」と参議院の役割」日本政治学会（編）『年報政治学　二〇〇四』岩波書店。

――――（二〇〇六）『首相支配』中公新書。

――――（二〇一〇）『参議院とは何か　1947～2010』中央公論新社。

建林正彦（二〇〇四）『議員行動の政治経済学』有斐閣。

建林正彦・曽我謙悟・待鳥聡史（二〇〇八）『比較政治制度論』有斐閣。

建林正彦・藤村直史（二〇一一）「政権末期における自由民主党の政策形成と議員行動の変容」『法学論叢』第一六九巻六号。

谷口将紀（二〇〇四）『現代日本の選挙政治』東京大学出版会。

辻　清明（一九五八）「官僚機構の温存と強化」岡義武（編）『現代日本の政治過程』岩波書店。

――（一九六九）『新版　日本官僚制の研究』東京大学出版会。

筒井清忠（編）（二〇一二）『政治的リーダーシップと文化』千倉書房。

豊永郁子（二〇〇八）『新保守主義の時代』勁草書房。

ナイブレード、ベンジャミン（二〇一一）「首相の権力強化と短命政権」［松田なつ訳］樋渡展洋・斉藤　淳（編）『政党政治の混迷と政権交代』東京大学出版会。

中北浩爾（一九九八）『経済復興と戦後政治』東京大学出版会。

――（二〇〇二）『一九五五年体制の成立』東京大学出版会。

中曾根康弘（一九九二）『政治と人生』講談社。

――（二〇〇三）「小泉首相への期待と注文」日本記者クラブ昼食会一一月七日記録。

奈良岡聰智（二〇〇六）『加藤高明と政党政治』山川出版社。

――（二〇一一）「消費税導入をめぐる立法過程の検討」『レヴァイアサン』第四八号。

野中尚人（一九九五）『自民党政権下の政治エリート』東京大学出版会。

――（二〇〇五）「高級行政官僚の人事システムについての日仏比較と執政中枢論への展望」日本比較政治学会（編）『日本政治を比較する』早稲田大学出版部。

――（二〇一二）「政治主導と幹部公務員の政治的中立性」村松岐夫（編著）『最新　公務員制度改革』学陽書房。

服部龍二（二〇〇六）『幣原喜重郎と二十世紀の日本』有斐閣。

濱本真輔（二〇〇五）「選挙制度改革と議員行動」『筑波法政』第三八号。

原田　久（二〇〇八）「政治の大統領制化の比較研究」日本比較政治学会（編）『リーダーシップの比較政治学』早稲田大学出版部。

福元健太郎（二〇〇〇）『日本の国会政治』東京大学出版会。

福元健太郎・村井良太（二〇一一）「戦前日本の内閣は存続するために誰の支持を必要としたか」『学習院大学法学会雑誌』第四七巻一号。

星　浩・逢坂　巌（二〇〇六）『テレビ政治』朝日選書。

細谷雄一（二〇〇九）『倫理的な戦争』慶應義塾大学出版会。

牧原　出（二〇〇五）「小泉〝大統領〟が作り上げた新「霞が関」」『諸君！』二月号。

――――（二〇〇九）『行政改革と調整のシステム』東京大学出版会。

増山幹高（二〇〇三）『議会制度と日本政治』木鐸社。

待鳥聡史（二〇〇二）「参議院自民党における閣僚ポスト配分ルールの形成」『選挙研究』第一六号。

――――（二〇〇五）「五五年体制の成立と政党政治」多胡圭一（編）『日本政治　過去と現在の対話』大阪大学出版会。

――――（二〇〇六）「大統領的首相論の可能性と限界」『法学論叢』第一五八巻五・六号。

――――（二〇〇八a）「官邸主導の成立と継続」『レヴァイアサン』第四三号。

――――（二〇〇八b）「「多数主義」時代の二院制を再考する」『論座』一月号。

――――（二〇一〇）「「強い首相」の時代は再来するのか」『中央公論』一〇月号。

――――（二〇一一）「参議院改革の考え方」『Voters』第一号。

的場敏博（一九九〇）『戦後の政党システム』有斐閣。

――――（一九九八）『政治機構論講義』有斐閣。

――――（二〇〇三）『現代政党システムの変容』有斐閣。

――（二〇一二）『戦後日本政党政治史論』ミネルヴァ書房。

真渕　勝（一九九七）『大蔵省はなぜ追いつめられたのか』中公新書。

――（二〇〇六）「官僚制の変容」村松岐夫・久米郁男（編著）『日本政治　変動の30年』東洋経済新報社。

御厨　貴（二〇〇六）『ニヒリズムの宰相　小泉純一郎論』ＰＨＰ新書。

御厨　貴・渡邉昭夫（インタヴュー・構成）（二〇〇二）『首相官邸の決断　内閣官房長官石原信雄の２６００日』中公文庫。

三宅一郎（一九八八）『投票行動』東京大学出版会。

三輪裕範（二〇〇三）『アメリカのパワー・エリート』ちくま新書。

民主党（二〇〇九）『民主党の政権政策　Manifesto 2009』民主党。

武蔵勝宏（二〇〇八）「政治の大統領制化と立法過程への影響」『国際公共政策研究』第一三巻一号。

村井良太（二〇〇五）『政党内閣制の成立　一九一八～二七年』有斐閣。

村上泰亮（一九八四）『新中間大衆の時代』中央公論社。

村松岐夫（一九八一）『戦後日本の官僚制』東洋経済新報社。

――（二〇〇五）「政官関係はどう変わったのか」『論座』七月号～九月号。

――（二〇一〇）『政官スクラム型リーダーシップの崩壊』東洋経済新報社。

村松岐夫・伊藤光利・辻中　豊（一九八六）『戦後日本の圧力団体』東洋経済新報社。

村松岐夫（編著）（二〇〇八）『公務員制度改革』学陽書房。

村松岐夫・奥野正寛（編）（二〇〇二）『平成バブルの研究』東洋経済新報社。

村松岐夫・久米郁男（編）（二〇〇六）『日本政治　変動の30年』東洋経済新報社。

森　裕城（二〇〇一）『社会党の研究』木鐸社。

森田吉彦（二〇一一）『評伝　若泉敬』文春新書。

笠　京子（二〇〇六）「日本官僚制――日本型からウェストミンスター型へ」村松岐夫・久米郁男（編著）『日本政

治　変動の30年』東洋経済新報社。
八代尚宏（二〇一一）『新自由主義の復権』中公新書。
山口二郎（二〇〇五）『ブレア時代のイギリス』岩波新書。
山本健太郎（二〇一〇）『政党間移動と政党システム』木鐸社。
吉田　徹（二〇〇九）『二大政党制批判論』光文社新書。
読売新聞政治部（二〇〇五）『自民党を壊した男』新潮社。
――――（二〇〇八）『真空国会』新潮社。
渡部　純（二〇〇〇）『企業家の論理と体制の構図』木鐸社。

Andeweg, Rudi. 1993. "A Model of the Cabinet System: the Dimensions of Cabinet Decision-Making Process." In Jean Blondel and Ferdinand Muller-Rommel, eds., *Governing Together: The Extent and Limits of Joint Decision-Making in Western European Cabinets*. New York: St. Martin Press.

Bergman, Torbjeorn, et al. 2003. "Democratic Delegation and Accountability: Cross-national Patterns." In Kaare Strøm, Wolfgang C. Muller and Torbjorn Bergman, eds., *Delegation and Accountability in Parliamentary Democracies*. Oxford: Oxford University Press.

Calice, Mauro. 2005. "Presidentialization, Italian Style." In Thomas Poguntke and Paul Webb, eds., *The Presidentialization of Politics: A Comparative Study of Modern Democracies*. Oxford: Oxford University Press.

Carey, John M. and Matthew Soberg Shugart. 1998. "Calling Out the Tanks or Filling Out the Forms?" In John M. Carey and Matthew Soberg Shugart, eds., *Executive Decree Authority*. New York: Cambridge University Press.

Cox, Gary W. and Mathew D. McCubbins. 2001. "The Institutional Determinants of Economic Policy Outcomes." In Stephen Haggard and Mathew D. McCubbins, eds., *Presidents, Parliaments, and Policy*. New York: Cambridge University Press.

Foley, Michael. 2000. *The British Presidency: Tony Blair and the Politics of Public Leadership*. Manchester: Manchester University Press.

Haggard, Stephen and Mathew D. McCubbins. 2001. "Introduction: Political Institutions and the Determinants of Public Policy." In Stephen Haggard and Mathew D. McCubbins, eds., *Presidents, Parliaments, and Policy*. New York: Cambridge University Press.

Helms, Ludger. 2005. *Presidents, Prime Ministers and Chancellors: Executive Leadership in Western Democracies*. Basingstoke: Palgrave Macmillan.

Huber, John D. 1996. *Rationalizing Parliament: Legislative Institutions and Party Politics in France*. New York: Cambridge University Press.

Huber, John D. and Charles R. Shipan. 2002. *Deliberate Discretion?* New York: Cambridge University Press.

Inglehart, Ronald. 1990. *Culture Shift in Advanced Industrialized Society*. Princeton: Princeton University Press. 〔村山皓・富沢克・武重雅文訳『カルチャーシフトと政治変動』東洋経済新報社、一九九七年〕

Johnson, Charlmers. 1983. *MITI and the Japanese Miracle: The Growth of Industrial Policy 1925-1975*. Stanford: Stanford University Press. 〔矢野俊比古監訳『通産省と日本の奇跡』TBSブリタニカ、一九八二年〕

Jones, Charles O. 1994. *The Presidency in a Separated System*. Washington, D.C.: Brookings Institution.

_______. 1999. *Separate But Equal Branches* (second edition). New York: Chatham House.

Kam, Christpher J. 2009. *Party Discipline and Parliamentary Politics*. New York; Cambridge University Press.

Kernell, Samuel. 1997. *Going Public: New Strategies of Presidential Leadership* (third edition). Washington, D.C.: CQ Press.

Krauss, Ellis and Benjamin Nyblade. 2005. "'Presidentialization' in Japan?" *British Journal of Political Science* 35: 357-368.

Krauss, Ellis and Robert Pekkanen. 2004. "Explaining Party Adaptation to Electoral Reform: The Discreet Charm of the

LDP?" *Journal of Japanese Studies* 30: 1-34.

Lijphart, Arend. 1999. *Patterns of Democracy*. New Haven: Yale University Press.〔粕谷祐子訳『民主主義対民主主義』勁草書房、二〇〇五年〕

Linz, Juan J. 1994. "Presidential or Parliamentary Democracy: Does It Make a Difference?" In Juan J. Linz and Arturo Valenzuela, eds., *The Failure of Presidential Democracy*, vol.1. Baltimore: Johns Hopkins University Press.〔中道寿一訳『大統領制民主主義の失敗』南窓社、二〇〇三年〕

Mainwaring, Scott and Matthew Soberg Shugart, eds. 1997. *Presidentialism and Democracy in Latin America*. New York: Cambridge University Press.

Mochizuki, Mike. 1982. *Managing and Influencing the Japanese Legislative Process*. Ph.D. Dissertation. Harvard University.

Neustadt, Richard E. 1990. *Presidential Power and the Modern Presidents: The Politics of Leadership from Roosevelt to Reagan*. New York: Free Press.

Pedersen, Karina and Tim Knudsen. 2005. "Denmark: Presidentialization in a Consensual Democracy." In Thomas Poguntke and Paul Webb, eds., *The Presidentialization of Politics: A Comparative Study of Modern Democracies*. Oxford: Oxford University Press.

Poguntke, Thomas and Paul Webb. 2005. "The Presidentialization of Politics in Democratic Societies: A Framework for Analysis." In Thomas Poguntke and Paul Webb, eds., *The Presidentialization of Politics: A Comparative Study of Modern Democracies*. Oxford: Oxford University Press.

Pym, Francis. 1984. *The Politics of Consent*. London: Hamish Hamilton.〔戸澤健次訳『保守主義の本質』中央公論社、一九八六年〕

Rhodes, R. A. W. 1995. "From Prime Ministerial Power to Core Executive." In R. A. W. Rhodes and Patrick Dunleavy, eds., *Prime Minister, Cabinet and Core Executive*. Houndmills: Macmillan.

Rose, Richard. 1991. “Prime Ministers in Parliamentary Democracies.” *West European Politics* 14 (2): 9-24.

Rudalevige, Andrew. 2002. *Managing the President’s Program: Presidential Leadership and Legislative Policy Formulation.* Princeton: Princeton University Press.

Samuels, David J. and Matthew S. Shugart. 2010. *Presidents, Parties, and Prime Ministers*. New York: Cambridge University Press.

Sasada, Hironori, Naofumi Fujimura, and Satoshi Machidori. 2010. “Alternative Paths to Party Polarization: External Impact of Intraparty Organization in Japan.” Paper Prepared for the Conference on Democracy and Political Institutions, University of Tokyo, November 22, 2010.

Shugart, Matthew Soberg. 2001. “‘Extreme’ Electoral Systems and the Appeal of the Mixed-Member Alternative.” In Matthew Soberg Shugart and Martin Wattenberg, eds., *Mixed Member Electoral System*. New York: Oxford University Press.

Shugart, Matthew Soberg and John M. Carey. 1992. *Presidents and Assemblies*. New York: Cambridge University Press.

Shugart, Matthew Soberg and Stephen Haggard. 2001. “Institutions and Public Policy in Presidential Systems.” In Stephen Haggard and Mathew D. McCubbins, eds., *Presidents, Parliaments, and Policy*. New York: Cambridge University Press.

Skowronek, Stephen. 1991. *The Politics Presidents Make*. Cambridge: Belknap Press of Harvard University Press.

Smith, Martin J. 1995. “Interpreting the Rise and Fall of Margaret Thatcher.” In R. A. W. Rhodes and Patrick Dunleavy, eds., *Prime Minister, Cabinet and Core Executive*. New York: St. Martin’s Press.

Strøm, Kaare. 2003. “Parliamentary Democracy and Delegation.” In Kaare Strøm, Wolfgang C. Muller, and Torbjorn Bergman, eds., *Delegation and Accountability in Parliamentary Democracies*. Oxford: Oxford University Press.

Tsebelis, George. 1997. *Bicameralism*. New York: Cambridge University Press.

_______. 2002. *Veto Players*. Princeton: Princeton University Press.

Vogel, Ezra. 1979. *Japan As Number One: Lessons for America*. Cambridge: Harvard University Press.［広中和歌子・木本彰子訳『ジャパン アズ ナンバーワン』ＴＢＳブリタニカ、一九七九年］

フランス 081
補佐官 074, 092, 101-105, 107, 109, 112-113, 117-118, 120-125, 170, 173
ボトムアップ 039, 089, 138, 168, 179, 184

マ

マスメディア 039, 047, 049, 055, 071-072, 075, 087, 090-091, 150, 167, 180
マニフェスト→政権公約を見よ
民社党（民主社会党） 027-029, 032, 034, 042-043, 047, 050-051
民主自由党→自由党（1945-55）を見よ
民主党（1945-55） 016, 018-019, 022-026, 047
民主党（1996-） 007-008, 055, 058-060, 110, 112, 118, 123, 157, 158, 169-171, 178-179, 182, 185
目的の分立 082, 085-086, 088-091, 093-094

ヤ

有権者 002, 018, 028, 033, 040-041, 043, 046-047, 049, 053, 056, 060-061, 068, 071-072, 076, 083-084, 100, 129, 132, 172, 175, 179-180, 188
吉田路線（吉田ドクトリン） 022, 025-026, 035, 051
与党議員（与党一般議員） 001, 004, 007, 039, 082, 091-092, 097-098, 101, 111, 114, 120, 123, 125-126, 130-141, 143-144, 148-150, 152-154, 156-158, 165, 167-169, 177, 179
与党［事前］審査 029, 058, 099, 138
与党執行部 008, 030, 037, 039, 058, 060, 068-069, 089-090, 098, 101, 107, 113-114, 121, 123, 130-131, 138-139, 143, 148, 158, 165-166, 173, 177-180, 182, 185

ラ

利益誘導 049, 148
両院協議会 037, 050, 174-175
緑風会 021, 028, 033, 037
冷戦 007, 025, 041, 051, 061
連合国軍最高司令部（GHQ） 016-017
連立政権 018, 024, 047, 050, 052-054, 059, 110, 134, 137, 158, 167, 188

ワ

早稲田調査 140-144, 149-150, 153, 158, 169

政権交代　008, 059, 085, 097, 122, 124, 133, 137, 157-158, 169-170, 178, 180, 184-185
政権公約　059, 170
政策アクター調査　109, 140-141, 143-144, 148-149, 153, 156, 158, 169
政治資金　057, 173, 179, 184-185
政治任用　071-072, 074, 076-077, 083, 092, 101-103, 123, 133-134, 166
制度均衡　106, 124
政務調査会（自民党の、部会を含む）029, 038, 058, 093, 099, 112
石油危機　037, 040, 044, 048
選挙制度　052-055, 072, 076, 082-083, 085, 088, 090, 093, 098, 164-165, 167, 172-173, 176, 178, 180, 184, 186
——改革　006, 051-054, 057, 061, 067, 076, 088-090, 092, 094, 097, 106, 110-112, 117, 123, 126, 129, 131, 137, 141, 157, 166, 168, 172, 177, 182, 185
総務会（自民党の）029, 038, 058, 099
総務会長　029, 038, 112
族議員　004, 038, 047, 093, 098, 130, 138, 148, 168
組織ガヴァナンス　180-181

タ

大選挙区制　043, 180
大統領制　004, 068, 070, 074-075, 077-084, 088, 093, 102, 104, 123, 131
第二次臨時行政調査会（第二臨調）048, 056, 092
多数主義型［民主主義］081, 174, 176-177, 179-180
多数派（議会の）003, 016-018, 020, 022, 028, 050, 069-071, 074, 079, 100, 129, 134-135, 137, 165
多党制　074, 136-137
単独政権　024, 039, 110, 130, 137-138, 148, 180, 184
地方政治　043, 047
中央省庁等改革基本法　056
中選挙区制　004-006, 018-019, 022, 024, 030, 034, 038-039, 041-043, 047, 051-053, 057-058, 083, 088, 097, 110, 137-139, 165, 168, 172, 176, 180, 184, 188
帝国議会　014, 016-017, 020
デンマーク　077
ドイツ　003, 077
統一地方選挙　017-018, 180
当選回数　039, 178, 184
特命担当大臣　057, 112, 116, 168, 173
トップダウン　087, 143, 168, 173-174, 179

ナ

内閣官房　057, 087, 090, 099, 103-105, 107, 112, 115-116, 122, 168-169, 173
内閣機能強化　006, 056-057, 061, 067, 090, 094, 097-098, 106, 110-113, 115, 117-118, 123-124, 126, 129, 131, 137, 139, 141, 157, 166, 168, 172-173, 182, 185
内閣提出法案　029, 039, 081, 138, 167
内閣府　057, 087, 090, 092, 103-105, 107, 112, 115-116, 122, 168-169, 173
二院制　132, 174-176
二大政党制　067, 074, 098, 136, 188
日米安全保障条約（安保条約）001, 025-030, 036
日本新党　052, 055
ねじれ［国会］059-060, 175-176
ネットワーク　100-101, 107-109, 123

ハ

ハイパーアカウンタビリティ　180
派閥　004, 034, 039, 047, 053, 057-058, 074, 087-089, 130, 138, 178, 180, 184
バブル経済（バブル景気）002, 048
比較政治学　003, 005, 068, 078-079, 100, 131, 158, 166, 172, 174, 180-181
東日本大震災　007-008, 060, 171, 181-182
比例代表制　024, 052, 055, 076, 083, 088, 134, 167, 176, 188
福祉［政策］025, 033-034, 041, 043-044, 048, 097
ぶらさがり会見　072, 091

129-137, 140, 157-158, 164-168, 175, 179, 188
――のウェストミンスター化　085, 088, 090, 098, 126, 139, 144, 152, 158, 167-171, 178, 180
ウェストミンスター型――　081, 100, 130-134, 136-137, 139-140, 149, 157-158, 167-168, 170, 174-175, 179-180
欧州大陸型――　081, 130, 133-134, 136-137, 139, 167-168
旧日本型――　139, 154-155, 158
貴族院　016, 021, 176
共産党（日本共産党）016, 023, 033-034, 042-044, 047
凝集性（政党組織の）058
行政改革会議　056
行政命令　134-135
拒否権　080, 082-083, 086, 089-090, 094, 176
規律（政党組織の）058, 178-179
軍部　014-015
経済［政策］　001-002, 022-023, 031-032, 040-041, 048, 056, 086, 099, 187
経済財政諮問会議　057, 092, 099, 152
憲法
日本以外の――　071, 080-081, 132-133
日本国――　003, 006, 017-018, 020-021, 023, 030, 034, 061, 097, 099, 165-166, 168, 174, 176, 188
明治――　003, 013-016, 020-021, 130, 165
権力分立　015, 020-021, 029, 080, 082, 085, 130
元老　014-015
後援会　089
高度経済成長　001, 026, 031-035, 038-039, 041-042, 044-046, 094, 187
公認　082, 089, 173, 179, 185
公明党（公明政治連盟）032, 042-043, 047, 050-051, 054-055, 059-060, 110, 112, 148
国民新党　059, 112
五五年体制　024-025, 052
国会対策委員会（国対）039, 042
国会中心主義　029-030
国権の最高機関　028, 165
コンセンサス型［民主主義］　081, 174, 177

㋚

財界　002, 023-024, 152
裁量範囲（エイジェンシー・スラック）090, 105, 136, 158
参議院　017, 020-021, 026, 028, 030, 032-033, 037, 040, 046, 050, 054-055, 058-060, 088, 174-177, 180-182, 185
資格任用　077, 103, 134
執行部→与党執行部を見よ
執政【定義】　079
執政政治【定義】　100
執政制度　079, 081, 083-085, 172, 180, 186
執政中枢部　069, 083, 085, 090-091, 097, 112, 129-141, 143-144, 148-149, 152, 157-158, 165-169, 173-174, 178-180, 185
執政長官【定義】　079
社会党（日本社会党、社会民主党）002, 016, 018-019, 022-029, 032-034, 038, 042-044, 047, 050-054, 059, 112
衆院再議決　037, 175
衆議院　006, 016-020, 022, 026, 030, 033-034, 037, 046, 050, 052, 054-055, 058-060, 088-089, 098, 164-166, 172, 174-175, 179-180
集権化（政党組織の）089, 098, 173, 177-179
自由党（1945-55）016, 018-019, 022-026, 047
自由党（1998-2003）058
小選挙区制　028, 043, 052, 060, 072, 089, 098, 176, 180, 184
小選挙区比例代表並立制　006, 053, 088-089, 139, 143, 166, 172
新自由クラブ　041, 046
新自由主義　048-049, 056, 061
新進党　054-055
新生党　052-053
新党さきがけ　052-054
進歩党→民主党（1945-55）を見よ

(ヤ)

山県有朋 014
山崎正和 036
吉田茂 002-003, 016-019, 021-022, 026, 028-029, 035, 059, 086, 098, 183, 187

(ラ)

ライス、コンドリーサ 104
笠京子 140, 152, 156
リンス、ファン 079
ルダレヴィジ、アンドリュー 103
レイプハルト、アレンド 081
レーガン、ロナルド 048
ローズ、R・A・W 100
ローズヴェルト、フランクリン 104

(ワ)

若泉敬 036
和田博雄 027

主要事項索引

(ア)

アメリカ 008, 015, 021, 026, 036-037, 044, 048, 059, 077, 079, 081, 084, 089, 092, 102, 104-105, 123, 131
イギリス 003, 039, 048, 067, 070-072, 075, 079, 081, 084, 100, 130, 132-133, 167, 170, 174, 176
イタリア 072, 076, 081, 175
一体性（政党組織の） 019, 030, 058, 081, 132-134, 136-137, 167-168, 179, 188
一般議員→与党議員を見よ
委任［関係］ 069-070, 100-101, 104-105, 130-133, 135-141, 143-144, 149-150, 152-154, 156-158, 165
沖縄返還 035-037, 039

(カ)

外交［政策］ 015, 022, 035-36, 040-043, 051, 075
改進党→民主党（1945-55）を見よ
下位政府 085
閣僚 031, 049, 068-071, 073-074, 077, 080, 087-088, 098-099, 101, 104-105, 107, 112, 121, 123, 129, 133, 137, 165-166, 179, 184
韓国 077
幹事長 008, 051, 058, 112, 121, 178, 185
官房長官 008, 029, 090, 101, 109, 112, 120, 125, 149, 168, 170
官僚［制］ 001, 004, 007, 018, 021, 031, 038, 055-056, 069, 071-074, 077-079, 082-083, 085, 087-088, 090-093, 097-098, 100-107, 109-112, 115-116, 120, 122-123, 125-126, 129-134, 136-141, 143-144, 148-150, 152-158, 163, 165-169, 172
官僚内閣制 004, 157
議員提出法案 030
議院内閣制 003-006, 013, 018, 020-021, 029-030, 039, 061, 067-079, 081-086, 088, 093, 097, 099-101, 105, 123,

重宗雄三 037
幣原喜重郎 015, 017, 019
信田智人 087
下村治 031
シューガート、マシュー 080-081, 134
ジョージ二世 070
ジョンソン、チャルマーズ 046, 055
ジョンソン、リンドン 036
鈴木貫太郎 015
鈴木善幸 038, 046, 048, 092, 183
鈴木茂三郎 019
ストローム、カール 104
関嘉彦 027
仙谷由人 054

タ

高瀬淳一 087
高安健将 004
田口富久治 045
竹下登 049-050, 110-111, 114-116, 119, 124, 184
竹中治堅 099
竹中平蔵 057
武村正義 052
立花隆 040
建林正彦 083-084
田中角栄 037, 040-041, 049, 087, 091, 184
土井たか子 050
苫米地義三 019

ナ

ナイブレード、ベンジャミン 087, 180
永井陽之助 036
長洲一二 043
中曽根康弘 003, 006, 046-049, 067-069, 086-088, 090-092, 094, 098, 111, 126, 129, 167, 187
ニクソン、リチャード 036, 040, 104
西尾末広 019, 027
蜷川虎三 043
野坂参三 023
野田佳彦 060

ハ

バーグマン、トービョルン 132-133
橋本龍太郎 006, 054, 056, 058, 092, 173
羽田孜 052-053
鳩山一郎 016, 018, 022, 025, 028, 059
鳩山由紀夫 055, 059, 111, 118, 122, 124-125, 170-171, 178, 181-182, 185
濱本真輔 109
原田久 073, 075
東久邇宮稔彦王 015
福井治弘 045
福田赳夫 040-041, 184
福田康夫 054, 110, 118-120, 124-125, 181
ブッシュ、ジョージ・W 104
ブレア、トニー 071, 073, 077
ベルルスコーニ、シルヴィオ 072, 076
ボグントゥケ、トマス 073-078
細川護熙 006, 052-053

マ

前原誠司 055
牧原出 087
マキャヴェリ、ニコロ 187
升味準之輔 045
マッカビンズ、マシュー 082-083, 085
松下圭一 004, 045
松本烝治 017
松本清張 042
真渕勝 152
三木武夫 023, 040, 087, 184
御厨貴 087
水谷長三郎 024
水野清 056
美濃部亮吉 043
宮澤喜一 002-003, 031, 052
村上泰亮 045
武藤嘉文 056
村松岐夫 046, 109, 139-140, 152
村山富市 054
森喜朗 054, 057, 091, 110-112, 117-118, 124

主要人名索引

ア

赤城宗徳 029
浅沼稲次郎 019
芦田均 019, 022, 050
麻生太郎 054, 110, 118-120, 124-125, 148-150, 152, 181
安倍晋三 054, 094, 110-111, 114-120, 124-125, 171, 178, 181-182, 185
飯尾潤 004, 099
池田勇人 001-003, 030-032, 035-037, 039, 183, 187
石橋湛山 025, 041
伊藤好道 024
伊藤博文 014
伊藤光利 101
犬養健 019
イングルハート、ロナルド 045
ウェブ、ポール 073-075
ヴォーゲル、エズラ 045, 055
ウォルポール、ロバート 070
内山融 087
宇野宗佑 050, 111
江田三郎 032
枝野幸男 006
大嶽秀夫 087, 099
大野伴睦 023, 031
大平正芳 029, 031, 040-041, 046, 184
大山礼子 081
岡田克也 006, 055
緒方竹虎 023
小沢一郎 051-052, 058, 178
小渕恵三 054, 110

カ

カーソン、レイチェル 034
海部俊樹 050-051, 110-111, 114-116, 119, 124, 183
片山哲 003, 019, 022
勝間田清一 027
河上丈太郎 019, 027
川人貞史 020
菅直人 003, 006, 055, 060, 111-112, 118, 122-124, 170-171, 181-182
岸信介 001, 003, 023, 025, 028-031, 034
キッシンジャー、ヘンリー 104
キャリー、ジョン 134-135
楠田實 036
久米郁男 140
クラウス、エリス 087
黒田了一 043
小泉純一郎 003, 006, 054, 057-058, 067-069, 086-088, 090-092, 094, 098-100, 110-111, 114-118, 120-121, 123-126, 129, 140, 148, 152, 158, 167-169, 171, 178, 181-187
高坂正堯 036
河野謙三 037
コックス、ゲイリー 089
ゴルバチョフ、ミハエル 051

サ

佐々木良作 042
サッチャー、マーガレット 048, 071-072
佐藤栄作 003, 031-032, 035-037, 039-040, 046, 183-184
重光葵 022

［著者略歴］

待鳥聡史（まちどり・さとし）
京都大学公共政策大学院・大学院法学研究科教授

一九七一年福岡県生まれ。一九八九年京都教育大学教育学部附属高校卒業。一九九三年京都大学法学部卒業。一九九六年京都大学大学院法学研究科博士後期課程退学。二〇〇三年京都大学博士（法学）。大阪大学大学院法学研究科助教授、京都大学大学院法学研究科助教授などを経て二〇〇七年より同研究科教授。専攻は政治学、比較政治論、アメリカ政治論。主著に『財政再建と民主主義』（有斐閣、アメリカ学会清水博賞受賞）、『〈代表〉と〈統治〉のアメリカ政治』（講談社選書メチエ）、共著に『日本の地方政治』（曽我謙悟・神戸大学教授と、名古屋大学出版会）、『比較政治制度論』（建林正彦・京都大学教授、曽我謙悟・神戸大学教授と、有斐閣）などがある。

叢書 21世紀の国際環境と日本 003
首相政治の制度分析 現代日本政治の権力基盤形成
二〇一二年六月三日 初版第一刷発行

著者 待鳥聡史
発行者 千倉成示
発行所 株式会社 千倉書房
〒一〇四-〇〇三一 東京都中央区京橋二-四-一二
電話 〇三-三二七三-三九三一（代表）
http://www.chikura.co.jp/

印刷・製本 中央精版印刷株式会社
写真 尾仲浩二
造本装丁 米谷豪

ISBN 978-4-8051-0993-9 C1331

叢書「21世紀の国際環境と日本」刊行に寄せて

本叢書は、二十一世紀の国際社会において日本が直面するであろう、さまざまな困難や課題に対して、問題解決の方策をさぐる試みと言い換えることができます。その糸口は、歴史に学びつつ、現況を精緻に分析することでしか見出すことはできないでしょう。先人たちが「死の跳躍」に挑んでから一五〇年、今あらためて国際環境と日本を俯瞰するテーマを多角的に掘り下げていきたいと考えています。

多くの場合、合理的・秩序形成的な日本ですが、折々の国際環境や、それを映した国内の政治・経済状況といった変数の下で、ときに予期せぬ逸脱を見せることがありました。近代以後、数度にわたる逸脱の果てを歴史として学んできた世代が、そのことを踏まえて日本と世界を語ることには深い意義があるはずです。

多くのプレーヤー・諸要素に照らし分析することで、果たして如何なる日本が、世界が、立ち現れるのか。透徹した史眼を持つ執筆陣によって描きだされる、新しい世界認識のツール。小社創業八十周年を期にスタートする本叢書に、読者のみなさまの温かいご支援を願ってやみません。

千倉書房

二〇〇九年九月